LES
VÊPRES CILICIENNES

LES RESPONSABILITÉS

FAITS ET DOCUMENTS

PAR

MGR MOUCHEGH

Archévêque des Arméniens

D'ADANA

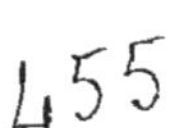

ALEXANDRIE
TYPO-LITHOGRAPHIE CENTRALE I. DELLA ROCCA

1909

LES VÊPRES CILICIENNES

LES RESPONSABILITÉS

FAITS ET DOCUMENTS

PAR

Mgr MOUCHEGH

Archevêque des Arméniens

DADANA

ALEXANDRIE
TYPO-LITHOGRAPHIE GÉNÉRALE F. DELLA ROCCA
1909

PRÉFACE

"A L'OPINION PUBLIQUE"

LE 4 juillet, les Chefs spirituels des trois Communautés religieuses arméniennes d'Égypte avaient convoqué au Caire un meeting pour protester contre les massacres d'Adana et contre la tentative du gouvernement jeune-turc de rejeter sur les victimes la responsabilité du crime le plus odieux, qui ait souillé l'histoire aux débuts du vingtième siècle.

Seul Européen il m'a été donné d'y assister.

Il y avait là plus d'un millier d'Arméniens, riches et pauvres, vieillards et jeunes gens, hommes et femmes. Sur l'estrade, des prêtres à la longue barbe et au front chauve. Dans le parterre, le peuple. Sans patrie, sa langue et son histoire proscrites, traqué dans ses foyers, menacé d'extermination et de honte, ce peuple se serre autour de ses prêtres, avec la mine d'un enfant cachant sa figure dans les jupes de sa mère pour fuir le danger.

On sentait dans l'air une gravité solennelle : le souvenir des morts d'Adana pesait sur l'assemblée. Plusieurs étaient en deuil ; deuil de morts dans le massacre, deuil de vivants attendant l'heure du trépas dans un cachot.

Une angoisse poignante me serrait le cœur. Me reconnaissant pour un étranger, ceux qui entraient me saluaient poliment. Et pourtant, dans l'état d'esprit où je me trouvais, je croyais lire dans ces yeux, au regard triste et résigné, un reproche muet.

Puis commencèrent les discours. Un vieillard à la tête branlante, dans le simple accoutrement des évêques arméniens, vint lire un discours. Il lisait des choses que je ne comprenais pas, dans une langue saccadée, avec des consonnes s'entrechoquant, une langue hiératique. Et ç'a été de même, pendant toute la durée des discours. Ces paroles incompréhensibles résonnaient dans mes oreilles avec une harmonie étrange : j'y entendais des sanglots de mères agénouillées près du corps de la fille outragée ; des râles d'hommes perdant le sang et la vie par des plaies énormes, sur le seuil de leurs maisons ; des cris d'enfants dans le berceau, terrorisés de voir les cimeterres briller à la lueur des flammes ; des prières de vieillards invoquant la mort qui lui cache la destruction de leurs descendances.

La lithurgie des discours avait pris un rythme guerrier. Jérémie avait quitté l'estrade et ne pleurait plus « sur les fleuves de Babylone ». La place avait été prise par d'autres. C'était maintenant Simonide de Cée chantant les Trois Cents tombés aux Thermopyles et barrant de leurs cadavres à l'envahisseur la route du foyer. Sur l'assistance revivant encore l'immense agonie d'Adana, ces paroles inconnues que prononçaient des hommes enflammés produisaient un effet profond. Dans les yeux tristes s'allumaient des espérances, les fronts courbés se relevaient, les mains cherchaient des armes invisibles. L'assemblée enlevée criait après les orateurs. Le morne désespoir cédait devant une résolution extrême : puisqu'il faut mourir, mieux vaut une mort subite, que le feu du combat et la haine de l'oppresseur embellissent, plûtot que l'affre d'une agonie mortelle par la famine, le guet-apens et la corde.

Et je voyais la nouvelle illusion sourire à ces cœurs endoloris. Je voyais les hordes mal contenues des Kurdes, guettant les nouvelles proies, affiler le tranchant des cimeterres et attendre l'ordre d'en haut. Je voyais les politiciens de Constantinople, soupesant l'inertie de l'Europe et les jalousies des Puissances, calculer les chances d'impunité des nouveaux massacres,

A ce moment, quelqu'un m'invita à parler. A mon arrivée sur l'estrade, on cria : « Vive l'Italie ! ». J'en fus humilié ; hélas, ma patrie supporte avec l'Europe le poids d'une complicité morale avec les assassins.

Que devait-il dire, un Européen, seul au milieu des enfants d'une race à l'agonie, de quel droit pouvait-il leur adresser des paroles d'espérance, s'il ne commençait pas par leur demander pardon de l'indifférence criminelle de l'Europe ? C'est ce que je fis et si j'usurpais alors un mandat que l'Europe n'avait pas songé à me donner, m'en a acquitté l'attestation de reconnaissance que cet aveu me valut de la part de ces martyrs.

Ce même sentiment, j'en suis convaincu, a poussé Mgr Mouchegh, le Père malheureux des massacrés d'Adana, à me demander quelques lignes pour présenter à l'opinion publique du monde civilisé l'horrible récit des Vêpres Ciliciennes.

L'égoïsme européen s'accomode fort bien des explications qui lui viennent de Stamboul. Il y a tant à gagner dans l'Empire Ottoman et chacun veut être bien avec les maîtres de l'heure. Et puis, les heureux de la terre n'aiment pas la vision de la souffrance humaine. Ce fantôme ensanglanté de l'Arménie, se levant de son tombeau, pour lui demander raison de ses trente mille enfants morts dans le sang et le feu, de ses cent mille orphelins pleurant fils ou parents, de son million d'affamés, dérange la béate quiétude européenne.

Mais ce livre, pour lequel je trace d'une main tremblante ces lignes si pauvres pour un si grand malheur, ce livre précis, documenté, écrasant, impitoyable comme la vindicte, saignant comme le cœur qui l'a dicté, ce livre viendra se poser au chevet de tous ceux, qui, en Europe ou en Amérique, ont une part quelconque de responsabilité dans cette horrible indifférence de l'Humanité civilisée envers une si grande partie de l'humanité, tuée et calomniée sur les plaines de Cilicie.

Ce livre leur dira :

« Dors, si tu le peux. Laisse brûler les maisons, violer les vierges, égorger les enfants, tuer hommes et femmes, à

Adana. Je ne veux rien de toi : l'histoire flétrira ton sommeil. Mais je ne veux pas que tu ignores nos souffrances. Je ne veux pas qu'armé d'hypocrisie tu te couches content sur les fausses paroles qui te viennent de Stamboul. Je ne veux pas qu'ayant fermé portes et fenêtres dans ta maison, tu dises : tout est tranquille là bas !...

« Je veux que tu saches.

« Sur le cercueil effroyable où gît ma patrie pantelante, je veux crier, oraison magnifique, les noms de ses bourreaux ! Et après, si tu l'oses, serre la main qu'ils te tendent, mais ne t'étonnes pas, nouvelle Macbeth, si tous les fleuves de l'Océan ne pourront pas laver la tache qu'ils auront laissée sur la tienne !.... »

Le Caire, 1er Août 1909.

Comte di Max di COLLALTO
Directeur du journal *Le Progrès.*

LES VÊPRES CILICIENNES

LES VÊPRES CILICIENNES

I

LES épouvantables massacres de Cilicie, qui dépassèrent en horreur tragique et barbare les grandes boucheries exécutées sous le gouvernement despotique d'Abdul Hamid, ont replongé dans le deuil et le désespoir l'âme déjà si meurtrie du peuple arménien, et révolté, encore une fois, la conscience du monde civilisé.

Le fanatisme musulman vient d'avoir une nouvelle et formidable explosion, et c'est encore là-bas, dans un des plus beaux pays du monde, l'extermination sans merci de paisibles et laborieuses populations, la dévastation et la ruine de villes prospères et florissantes.

Le détrônement de celui qui conçut l'infernal projet de l'extermination des Arméniens de Turquie et qui en poursuivit systématiquement la réalisation avec une rage inlassable et jamais assouvie, aurait été la grande consolation et l'unique revanche de ses victimes, si les Vêpres Ciliciennes n'étaient venues ensanglanter et endeuiller ce bonheur inespéré que le Sort, enfin adouci, se décidait à leur dispenser. Les Arméniens ne purent assister au spectacle de la chute retentissante, si ardemment souhaitée, de leur impérial bourreau qu'avec des yeux obscurcis de larmes et un cœur qui saignait de tout le sang qui coulait en Cilicie.

Nous n'entreprendrons pas de narrer dans ces pages le monstrueux crime collectif commis par le peuple musulman de Cilicie, de décrire les atroces tortures infligées aux victimes — hommes, femmes, enfants, vieillards — les actes horribles, inimaginables et innommables de férocité raffinée, de sauvagerie savante et étudiée, de crapuleuse et sanglante orgie où se délecta sans fin et s'assouvit la rage fanatique et homicide de la populace turque. Ce crime immense et sans nom, perpétré au grand jour sous un gouvernement dit « Constitutionnel », souillera d'une tache à jamais ineffaçable l'histoire de la Turquie nouvelle et libre, et fera saigner d'une blessure éternellement béante le cœur du peuple arménien.

Le but que nous nous sommes proposé en écrivant ce mémoire, c'est de montrer, de mettre à nu la psychologie de l'élément turc avant et après la Constitution, de dévoiler la conduite criminelle des hommes de l'ancien régime, qui, par leurs agissements, par de sourdes menées et de ténébreuses intrigues savamment ourdies, préparèrent de longue main l'effroyable complot qui vient d'éclater en Cilicie.

Une telle analyse contribuerait grandement à la compréhension du sombre et sanglant « mystère » qui s'est joué là-bas, sur le vaste théâtre de tout un pays. Elle permettrait en même temps d'établir nettement les responsabilités dans cette tragique affaire, en faisant connaître la vérité, toute la vérité, que d'ignobles manœuvres tendent à altérer.

*
* *

Le gouvernement d'Abdul-Hamid avait une formule toute faite pour justifier les massacres en masse d'Arméniens qu'il organisa périodiquement à partir de 1893.

« Les Arméniens, disait-il, sont en état de rébellion ouverte contre le gouvernement; ils préparent un mouvement révolutionnaire tendant à la création d'un Royaume d'Arménie indépendant; par leurs revendications bruyantes et leurs « menées » révolutionnaires, ils excitent contre eux le peuple musulman. » Est-il nécessaire de montrer l'inanité, la fausseté et la perfidie machiavélique de ce raisonnement fallacieux, dénué de tout fondement et imaginé uniquement pour l'impossible justification des atrocités commises? Qui ne sait que les Arméniens ne poursuivaient aucun but d'indépendance nationale, que leurs « menées » révolutionnaires n'avaient d'autre objectif que d'attirer violemment l'attention des grandes puissances européennes sur la situation intolérable qui leur était faite par un gouvernement barbare, et les contraindre en quelque façon à l'exécution des engagements solennels que par le fameux article 61 du traité de Berlin elles avaient pris vis-à-vis des Arméniens de Turquie?

Est-il besoin d'ajouter que rien, rien ne pouvait motiver de pareilles boucheries, de telles atrocités, rien ne pouvait justifier l'extermination en masse, méthodiquement poursuivie, de tout un peuple, qui, après cinq siècles de servitude affreuse et d'intolérables souffrances, osait enfin demander à vivre d'une vie meilleure.

Et pourtant, ce mouvement révolutionnaire des Arméniens, qui était le résultat fatal et nécessaire des maux horribles dont ils souffraient, servit de prétexte à la clique hamidienne et aux meneurs fanatiques de la populace turque, pour opprimer et persécuter plus que jamais les infortunés Arméniens.

Mais la sympathie spontanée, mais l'enthousiasme sincère avec lesquels le peuple arménien tout entier accueillit la proclamation de la Constitution ottomane sont tellement évidents et manifestes, que de pareils prétextes ne peuvent plus subsister. De mécontents et de protestataires qu'ils étaient, les Arméniens sont devenus les plus zélés partisans, les soutiens les plus fidèles du nouveau régime. Si, après l'établissement de la Constitution, les Arméniens commirent une faute aux yeux de l'élément réactionnaire turc qui forme malheureusement la grande majorité de la population musulmane de l'Empire, ce fut précisément de montrer un trop grand attachement au nouveau régime ; et s'ils commirent une autre faute envers eux-mêmes, ce fut d'être trop crédules ; la confiance illimitée, aveugle, que leur inspirait le nouveau régime, fit naître dans leur esprit la désastreuse conviction que des horreurs et des atrocités comme celles d'antan n'étaient plus possibles sous un gouvernement constitutionnel, « jeune-turc ». Ils pêchèrent par trop de zèle et trop d'optimisme.

Un des officiers de l'armée de Salonique, le colonel Hakki Bey, qui prit la parole dans un meeting tenu au jardin de Chichli après la messe de requiem célébrée en l'église arménienne de Péra pour le repos de l'âme des martyrs turcs (13 août 1908), disait ces paroles justes et profondes : « La tyrannie a été jetée bas, mais elle vit encore. La jeune liberté est entourée de mille dangers. L'optimisme peut nous nuire et compromettre le succès de notre œuvre grandiose ; le premier moyen de réussir, c'est d'être pessimiste et défiant ».

Dans l'enthousiasme délirant, la joie et l'ivresse que lui causa le lever inattendu et miraculeux de l'aube de liberté qu'il avait appelée de tous ses vœux, le peuple arménien ne put malheureusement garder assez de sang-froid, de bons sens et de perspicacité pour saisir le sens et la portée de ces paroles prophétiques et pour analyser et comprendre l'état d'âme du peuple turc qui l'entourait. Si les Arméniens avaient été un peu plus circonspects, s'ils avaient eu assez de clairvoyance pour deviner la ténébreuse conspiration qui se tramait à l'ombre du régime constitutionnel pour poursuivre et parachever l'exécution de la politique hamidienne ; si, de son côté, le Parti « Union et Progrès », devenu maître des destinées du pays, avait dès son avènement au pouvoir, agi avec un esprit vraiment libéral et réformateur, avec un patriotisme intégral, avec justice et impartialité, nous sommes, quant à nous, convaincu que les Arméniens n'auraient pas eu à déplorer l'épouvantable malheur qui a frappé la Cilicie.

Il faut savoir que le plan de déstruction et de d'extermination qui vient d'être exécuté avec une sauvagerie si méthodique, date de long-temps et est l'œuvre de la camarilla de l'ancien Yildiz. Il y a beau temps que la Cilicie, avec son Zeïtoun héroïque et imprenable, avait attiré sur elle la sinistre attention des hommes d'État turcs. Le paisible développement économique, la croissante prospérité de la Cilicie arménienne ne fit que redoubler cette attention de mauvais augure. Les Arméniens de l'intérieur, chassés de leur pays par la famine et les persécutions de toutes sortes, émigraient lentement vers la plaine fertile d'Adana, dans l'espoir d'y gagner leur misérable vie par le travail de leurs bras. Le despotisme gouvernemental, qui avait mis tout en œuvre pour leur rendre la vie impossible dans leur propre pays, eut la cruauté d'interdire le séjour d'Adana à ces malheureux qui n'avaient *d'autre but, d'autre visée politique* que de gagner leur pain à la sueur de leur front. Le gouvernement ne se contenta pas de cette mesure prohibitive ; il institua à Alep un commandement militaire extraordinaire, qui recevait directement ses ordres du Palais, et installa dans toute la plaine d'Adana de grandes colonies d'ouvriers et de laboureurs musulmans, amenés d'un peu partout.

Adana doit son salut pendant les grands massacres de 1895-1896 et les troubles de Zeïtoun ou à un hasard providentiel, ou, ce qui est plus probable, aux appréhensions que sa situation géographique pouvait inspirer à la camarilla de Yildiz au sujet d'une intervention possible des puissances européennes, rendue facile par la proximité du littoral méditerranéen. Pourtant, le projet ne fut jamais abandonné.

Mais si les vues qui, de 1896 à 1904, furent échangées entre Yildiz et le gouvernement local au sujet de la Cilicie nous demeurent inconnues, nous pûmes par contre, durant les quatre années de notre épiscopat à Adana (1905-1908), pénétrer les secrètes intentions que la clique hamidienne ne cessait de nourrir à l'endroit de la population de notre diocèse.

Les commandants militaires extraordinaires qui se succédèrent à Alep, Ali Pacha et Ferik Békir Pacha, s'occupèrent beaucoup plus du vilayet d'Adana que de Zeïtoun, parce que c'était dans cette partie de la Cilicie que les Arméniens formaient une population dense, productive et relativement prospère, et qu'en frappant Adana on frapperait du même coup la Cilicie au cœur même de sa vitalité.

Le complot eût été sans nul doute mis à exécution notamment en 1906 et 1907, si le Vali d'Adana, Bahri Pacha, ami des Arméniens, ne s'y fût opposé de toutes ses forces.

C'est en effet pendant cette période que les accusations et les calomnies contre les Arméniens redoublèrent de violence.

C'est ainsi qu' un *djournal* (rapport de police secret) adressé au Palais, affirmait que le Métropolite arménien d'Adana poussait les

Arméniens de l'intérieur à émigrer en Cilicie, avec l'arrière-pensée perfide d'y faire éclater un grand mouvement insurrectionnel aussitôt que la population arménienne serait numériquement assez forte pour tenter l'aventure avec des chances de succès.

Le Palais communiqua l'accusation au Vali, qui, après avoir entendu no franches et loyales explications, adressa au Palais une protestation indignée contre ces imputations mensongères, les réfutant énergiquement, et affirmant et garantissant le parfait loyalisme des Arméniens du vilayet d'Adana, tant indigènes qu'immigrés. Les assurances formelles données par le gouverneur au Palais ne désarmèrent cependant pas la clique acharnée à la perte de la population arménienne de notre diocèse. Pour hâter l'exécution de leurs sinistres projets, ils inventèrent la fable d'un mouvement révolutionnaire en préparation, alors que dans toute la Cilicie il y avait à peine quelques révolutionnaires isolés, et pas la moindre organisation révolutionnaire ! Mais même la prudence excessive dont les Arméniens faisaient preuve ne put apaiser la rage arménophobe de ceux qui servaient fidèlement les volontés ténébreuses de Yildiz.

Le commandant militaire d'Alep, Békir Pacha, ne cessait de harceler le Palais de ses dépêches et communications secrètes dénonçant les habitants de Deurt-Yol (Tchok-Marzouan) comme préparant en grand secret une révolte à main armée, en vue de laquelle ils étaient occupés à entourer leurs jardins de murs épais et élevés comme des fortifications.

Vers la même époque, quelques fonctionnaires civils et militaires de Hadjin rapportaient au Palais que des révolutionnaires s'étaient réfugiés dans la ville pour y fomenter des troubles ; Fani Effendi, fonctionnaire civil à Mersine, qui avait pris une part des plus actives au massacre de Marache, écrivait tant au gouverneur d'Adana qu'au Palais que la ferme des Zelveyan à Mersine servait de refuge et de lieu de rendez-vous à une bande de révolutionnaires arméniens, qui, *sous les auspices des étrangers,* tenaient des réunions secrètes dans les hôtels de Mersine.

Et pendant que le premier Commissaire du Vilayet, Kiazim Bey, organisait, de connivence avec le mouchard Artin Kéklikian, un complot policier ayant pour but de présenter les Arméniens d'Adana comme des insurgés et des anarchistes redoutables, en faisant découvrir dans quelques maisons des bombes que la police y avait préalablement placées, l'agent secret de Yildiz à Chypre mandait au Palais que des révolutionnaires frêtaient des embarcations pour se rendre en nombre à Adana. Ces soi-disant révolutionnaires étaient en réalité de pauvres diables d'émigrés que hantaient la nostalgie du pays natal et le désir de revoir leurs familles ; la plupart de ces malheureux étaient arrêtés à peine débarqués, et brutalement expulsés.

Le Sultan Rouge, ajoutant foi, selon sa coutume, à tous ces racontars et mensonges policiers, où se reconnaissait le génie infernal de ses créatures, et qui ne servaient que trop ses ténébreux desseins, déverse sa colère impériale sur la tete du Vali, lui adressant de sévères admonestations et lui reprochant son manque de vigilance et son incapacité.

Un jour que nous nous trouvions seul avec lui dans son cabinet, Bahri Pacha, que nous voyions depuis quelques jours accablé sous le poids de graves préoccupations, nous dit à brûle-pourpoint :

— Les blancs-becs d'hier sont aujourd'hui plus avancés en grades et en titres que moi, qui suis resté ce que j'étais il y a trente ans, et cela, parce qu'on me sait l'ami des Arméniens. Cette amitié pour vos compatriotes, qui empêcha mon avancement, compromet maintenant ma sécurité et ma position ; et les Arméniens récompensent mes bienfaits par de l'ingratitude !....

Ce disant, le Vali, en proie à une violente émotion, jeta devant nous un paquet de dépêches émanant du Palais.

Les accusations qu'elles contenaient étaient mensongères, certes, mais très graves. Nous luttâmes de toutes nos forces pour conjurer le péril qui menaçait nos ouailles ; nous protestêmes avec indignation contre ces absurdes et odieuses calomnies ; nous donnâmes au Vali les plus formelles assurances et lui dimes finalement ceci :

— Pour vous convaincre tout-à-fait de l'absolue fausseté de ces accusations, nous sommes prêt à vous offrir notre vie comme garantie du loyalisme des Arméniens de notre diocèse. Au cas où ceux-ci se rendraient coupables d'actes répréhensibles, nous vous autorisons d'ores et déjà à nous tuer, nous d'abord, et ensuite le Katholikos de Cilicie qui vous a donné les mêmes assurances que nous.

Bahri Pacha, complètement rassuré, fit venir son secrétaire et lui dicta sa fameuse dépêche au Palais, sans précédent dans les annales gouvernementales turques. En voici la teneur, reproduite presque textuellement :

« Les accusations formulées contre la population arménienne d'Adana sont dénuées de tout fondement. Ce sont d'infâmes colomnies contre lesquelles je proteste énergiquement. Je suis absolument sûr du loyalisme de la population arménienne de mon vilayet, de sa fidélité au gouvernement impérial — loyalisme et fidélité qui me sont garantis par le Katholikos et l'Evêque d'Adana eux-mêmes. Au cas où, malgré leurs assurances, des événements fâcheux et contraires aux volontés impériales viendraient à se produire, j'informe Votre Majesté que je suis décidé à tuer d'abord le Katholikos et l'Evêque d'Adana et à me suicider ensuite. »

Ceci se passait en mai 1907.

A partir de cette date, les efforts des conspirateurs acharnés contre nous perdirent de leur violence, et malgré quelques incidents plus ou moins regrettables qui vinrent de temps en temps attester leur persistance, nous pouvons dire que la dépêche de Bahri Pacha eut pour effet d'écarter définitivement les dangers qui, sous l'ancien régime, menaçaient la vie et la sécurité des Arméniens de notre diocèse.

Nous croyons nécessaire de signaler en passant que la population musulmane du vilayet, sous l'influence pernicieuse des notables turcs des villes et des villages, a toujours eu de l'animosité contre l'élément arménien, dont elle n'a cessé de jalouser la prospérité économique et de convoiter le bien-être matériel.

Pendant très longtemps, le gouvernement local, annihilé en fait par la toute-puissance occulte de ces notables, n'a existé que de nom ; en effet, ces derniers, s'étant assuré l'aide, la complicité et l'obéissance passive des fonctionnaires du gouvernement, prévaricateurs et incapables, exerçaient un pouvoir absolu et tyrannique, régi par les caprices de leur bon plaisir et les exigences de leur intérêt personnel.

Chaque ville, chaque village a ses tyranneaux, ses *aghas,* sur qui pèse la responsabilité de tous les délits et crimes qui s'y commettent, car l'ascendant de ces gens est grand sur la populace, sur la canaille qui leur obéit aveuglément comme à ses seigneurs et maîtres. Ces criminels meneurs de foule ont de tout temps persécuté et opprimé l'élément arménien, en suscitant toutes sortes d'obstacles et de difficultés contre son paisible développement économique et intellectuel.

C'est ainsi que des notables turcs d'Adana, Baghdadi Zadé Abdul-Kadir et ses dignes acolytes, s'apercevant de bonne heure que les Arméniens, après avoir conquis la suprématie commerciale sur le marché d'Adana, menaçaient d'occuper aussi une place prépondérante dans l'industrie agricole, formèrent entre eux une association secrète ayant pour but de créer à ses membres des sources de bénéfices extraordinaires — au détriment, bien'entendu, des Arméniens — par n'importe quels moyens, coûte que coûte.

On ne pourrait d'ailleurs trouver dans tout le vilayet d'Adana un seul notable, un seul propriétaire ou *échraf* turc qui ne doive sa richesse, sa fortune immobilière à des spoliations, des vols, voire même des crimes. (*)

(*) Sous l'ancien régime, les Arméniens n'osaient naturellement s'adresser aux tribunaux pour rentrer en possession des biens immeubles dont ils avaient été arbitrairement spoliés. Les oppresseurs étaient tout-puissants dans les « Palais de Justice ». Leur volonté d'usurpateurs y faisait loi. Après la Constitution, les Arméniens eurent la naïveté de croire que l'heure de la justice était enfin arrivée et qu'ils pouvaient revendiquer et défendre leurs droits foulés aux pieds ; ils s'adressèrent aux tribunaux et aux autorités, exigeant que leurs terres fussent enlevées aux spoliateurs et restituées à leurs légitimes propriétaires

C'est ainsi que Bédros et Agop Aïnadjian, du village d'Abdoglou, plusieurs Arméniens d'Odjakli et un Arménien de Hassan-Baglipoursuivirent en justice les usurpateurs de leurs propriétés. Ces légitimes revendications eurent pour effet d'exaspérer les spoliateurs qui se vengèrent cruellement lors des récents massacres, en se mettant à la tête des assassins et des incendiaires qui exterminèrent la population arménienne des villages susnommés et dévastèrent leurs propriétés,

Le premier soin de la bande criminelle fut de soumettre à son influence occulte tous les fonctionnaires du gouvernement, pour atteindre le but qu'elle s'était proposé, à savoir la ruine économique des Arméniens.

Un de leurs principaux moyens d'action était celui-ci : ils faisaient assassiner par leurs stipendiés, près d'une ferme appartenânt à un Arménien, un ou plusieurs paysans turcs, après quoi, au moyen de faux témoignages, ils faisaient arrêter et condamner comme meurtrier le propriétaire de cette ferme, qu'il s'appropriaient ensuite grâce à la complicité des autorités locales.

La même bande voulut profiter de la sanglante occasion offerte par les massacres de 1895-96 pour organiser des tueries dans le vilayet, d'Adana. Le commandant militaire s'y opposa de toutes ses forces repoussant victorieusement les assauts de la foule forcenée avec l'aide de ses 150 soldats. Comme il fallait un bouc émissaire, le Gouvernement fit arrêter et jeter en prison l'avocat Geuvdérélian, grand ennemi d'Abdul-Kadir.

Quelques mois après l'époque funeste des grands massacres, Bahri Pacha fut nommé Vali d'Adana. Il ne tarda pas à montrer, en maintes circonstances, les dispositions amicales dont il était animé à l'égard des Arméniens. Sentant, avec son flair de fin limier, que la bande d'Abdul-Kadir constituait un danger permanent pour le vilayet, il parvint à obtenir du Palais un iradé exilant Abdul Kadir et ses acolytes dans diverses localités éloignées.

Il est vrai qu'au bout de quelques mois, les exilés purent rentrer au vilayet grâce à la haute protection, chèrement achetée, de puissants personnages du Palais, mais ils étaient condamnés à l'impuissance pour quelque temps du moins ; ce qui ne fit qu'accroître leur haine et leur animosité contre les Arméniens, d'autant plus qu'ils voyaient avec dépit le nouveau Vali donner satisfaction aux réclamations de l'Archevêché, et que, grâce à sa protection et à sa bienveillance, la vie nationale arménienne s'améliorait sensiblement et les droits de nos ouailles étaient défendus contre les empiètements, les abus et illégalités de toutes sortes.

L'amitié qui existait entre le Vali et nous, l'influence et le prestige dont, grâce à cette amitié, l'Archevêché Arménien jouissait auprès du Gouvernement, furent cause que notre nom était toujours accolé à celui de Bahri Pacha dans les accusations que ses adversaires formulaient contre lui.

Dans un de leurs rapports, adressés au Palais et signés habituellement du pseudonyme de «Moukhbiri Sadik» (rapporteur fidèle), le clocher de la cathédrale arménienne d'Adana, qui venait d'être construit sans Iradé, avec la seule autorisation du Vali, était présenté comme une tour fortifiée, du haut de laquelle les Arméniens pouvaient bombarder les établissements et édifices des Musulmans. Le Gouvernement d'Abdul-Hamid avait tellement pris au sérieux cette inepte accusation, que la Commission d'enquête envoyée en 1906 à Adana avec mission d'examiner les griefs et plaintes formulés contre Bahri Pacha, vint, sous prétexte d'une simple visite de curiosité, inspecter soigneusement le dit clocher. Lorsque la bande criminelle se fut enfin persuadée que sous le Gouvernement de Bahri Pacha elle n'arriverait jamais, quoi qu'elle fît, à mettre à exécution ses sinistres projets, elle tâcha de les dissimuler sous des dehors d'humilité et de soumission, en attendant des temps plus propices, nous voulons dire la venue d'un gouverneur docile à ses volontés scélérates.

II

Quand la Constitution fut proclamée, nous nous trouvions de passage à Konia, ayant pris un congé de trois mois que nous comptions passer à Constantinople. Pendant trois mois et demi, du 20 juillet au 29 octobre, nous restâmes absent de notre diocèse.

Nous voulons relater ici quelques événements et incidents survenus durant mon absence dans le vilayet d'Adana, parce qu'ils sont significatifs et caractéristiques au premier chef.

Les nouveaux principes de liberté et de justice proclamés par la Constitution furent exploités par quelques intrigants turcs en vue de la satisfaction de leurs haines, leurs rancunes et leurs convoitises personnelles. Ils entreprirent tout d'abord de chasser le Vali d'Adana, ayant à leur tête le nommé Ihsan Fikri — un homme que Bahri Pacha avait comblé de bienfaits! Ils essayèrent en même temps de nous discréditer aux yeux de nos ouailles, en répandant d'ignobles calomnies sur notre compte, pour nous faire expier l'amitié de l'ex-Vali.

Une foule d'individus plus ou moins tarés, de politiciens de bas étage, de vils intrigants se réunirent pour former le Comité local du parti « Union et Progrès », dont le susdit Ihsan Fikri s'improvisa président.

De nombreux Arméniens honnêtes et respectables adhérèrent à cette organisation politique, dans le seul but de montrer leur profond et sincère attachement pour le régime constitutionnel, et le grand désir qu'ils avaient de voir enfin fraterniser les peuples turc et arménien, entre lesquels le gouvernement infernal d'Abdul Hamid avait creusé un profond abîme.

Pendant ce temps, Abdul Kadir et ses fidèles collaborateurs se tenant à l'écart de toutes les manifestations constitutionnelles, réunissaient autour d'eux tout ce que le peuple turc d'Adana comptait d'hommes sans aveu, d'individus sans foi ni loi, ayant trempé dans tous les complots et dans tous les crimes, et pour qui la Constitution

était un véritable désastre. Ces scélérats fondèrent un parti anticons-
titutionnel qui, déguisé, sous l'innocente et modeste dénomination
de « Club Agricole », devint tout de suite le foyer et le centre des
intrigues et des machinations qui aboutirent à la ruine d'un pays
florissant et à l'extermination de paisibles et laborieuses populations.

Par les efforts du Comité local du parti « Union et Progrès » eurent
lieu, tant à Adana que dans les environs, de nombreuses révocations
de fonctionnaires du Gouvernement, entre autres, celles du comman
dant de la gendarmerie, du chef de la sûreté, Kiazim Bey, et du
commissaire de police, Zor Aly.

La population arménienne, de son côté, ne restait pas inactive;
elle se transformait et s'organisait, elle aussi. Des associations politiques
se formaient dans son sein, ayant toutes pour but de la réveiller de
sa torpeur intellectuelle et morale, de lui faire connaître les bienfaits
de la Constitution, de lui prêcher la nécessité de travailler fraternel·
lement avec les autres nationalités ottomanes au progrès et à la
prospérité du pays, et surtout, de défendre, côte à côte avec l'élément
libéral turc, le régime constitutionnel contre tout retour offensif de
la tyrannie, contre toute tentative réactionnaire.

Les clubs arméniens *Hintchakiste* et *Drochakiste,* fondés dans le
vilayet d'Adana après l'établissement de la Constitution, étaient l'œuvre
de partis qui entretenaient les plus fraternelles relations avec le parti
« Union et Progrès »; leur existence et leur activité sous le nouveau
régime ne pouvaient donc présenter aucun inconvénient, malgré leur
origine révolutionnaire qui leur avait valu d'être violemment persécutés
sous l'ancien régime. Aussitôt la Constitution proclamée, ces partis
cessèrent en effet toute activité révolutionnaire, et ainsi qu'il le déclarèrent officiellement, se transformèrent en associations politiques, avec
un programme nettement libéral et socialiste.

Un nouveau parti faisait en même temps son apparition : le Parti
Constitutionnel Démocrate Arménien, dont le programme, publié en
entier, s'inspirait des meilleurs principes démocratiques. La fraternité
et la concorde de toutes les races de l'Empire, assurant leur coopération
à l'œuvre de défense et de consolidation du nouveau régime ; l'éducation civique et morale des masses populaires, qui seule leur permettrait
de tirer le plus grand profit possible des libertés constitutionnelles et
rendrait possible l'évolution pacifique du pays et son acheminement
vers un meilleur devenir politique et social ; tel est, résumé à grandes
lignes, le programme de ce parti.

Citons pour mémoire la fondation d'une Ligue pour la propagation
de la lecture parmi le peuple. Des ligues similaires avaient été fondées
par les autres Communautés chrétiennes d'Adana au lendemain de la
Constitution.

Mais la joie sans mélange que le miraculeux avénement de la Liberté avait causée au peuple arménien, fut de courte durée. Bientôt, en effet, on voit poindre le mouvement réactionnaire turc, accompagné de menaces et de préparatifs de massacre.

Tous les notables, tous les anciens oppresseurs et usurpateurs turcs dont le nouveau régime lésait gravement les intérêts et compromettait la sécurité, se réunissent et s'occupent fiévreusement d'armer tous les gredins et scélérats à leur solde, en vue des prochaines tueries.

De prodigieuses quantités d'armes étaient continuellement importées par les armuriers turcs, alors qu'il n'y avait pas un seul armurier arménien à Adana et dans les environs. Le pays est livré à l'anarchie, le Gouvernement ayant perdu toute autorité sur la masse populaire.

Les Arméniens, que leurs mœurs et leurs occupations pacifiques de commerçants et de cultivateurs rendaient inaptes au maniement des armes et aux exercices belliqueux, n'attachèrent pas tout d'abord beaucoup d'importance aux préparatifs de leurs voisins musulmans, et aux menaces de massacre proférés contre eux.

Cependant la situation devenait de plus en plus alarmante. Le Comité « Union et Progrès » exhortait le peuple à se tenir prêt pour la défense de la Constitution ; la presse signalait unaniment les dangers qui la menaçaient, et les journaux arméniens, justement alarmés par les menaces de massacres qui circulaient partout, insistaient sur l'impérieuse nécessité, sur l'importance vitale pour les Arméniens de s'armer pour défendre contre les agressions éventuelles la Constitution, leur personne, leur honneur et leurs biens.

C'eût été une insigne et impardonnable lâcheté de la part des Arméniens que de reculer devant les sacrifices que la situation imposait à leur patriotisme, et que réclamait la défense de la Constitution, à laquelle étaient indissolublement liés leur sort et leur sécurité de paisibles citoyens.

Défendre la Constitution, c'était, pour le peuple arménien, se défendre soi-même ; sauver la Constitution, c'était se sauver soi-même. Ignorer cette vérité élémentaire, ne pas satisfaire aux exigences impératives de la situation, c'était aller fatalement au devant de sa propre perte.

Les Arméniens finirent donc par prendre au sérieux les menaces et les préparatifs des Musulmans, et se décidèrent à sortir de leur torpeur, qui contrastait si singulièrement avec la fébrile activité déployée autour d'eux par l'élément turc réfractaire au régime constitutionnel. Ils commencèrent à s'armer de leur côté.

Les Turcs, habitués jusque-là à voir dans les Arméniens des esclaves, des serfs tremblants et couards, voient d'un mauvais œil les préparatifs de défense légitime des Arméniens, et en prennent prétexte pour chercher à exciter le fanatisme turc.

Les fêtes du Baïram approchent; la population arménienne du vilayet, s'attendant à quelque catastrophe, s'adresse vainement aux autorités pour implorer aide et protection. De tous côtés, nos nationaux envoient à l'Archevêché des lettres désespérées faisant part de leurs appréhensions.

Des faits sanglants viennent justifier et aggraver l'angoisse et la terreur des Arméniens.

Dans la plaine de Hamidié, à l'endroit dit Keur Koyou, des troupeaux appartenant aux habitants arméniens de Deurt-Yol sont enlevés par des Turcs. A Ojakli, village dans le voisinage de Deurt-Yol, le moulin à eau des Geuvdjian, est assailli à coups de fusil par une bande de Musulmans. Un autre jour, des tribus *Kurde* et *Avchar* assiègent Odjakli, par le mettre à sac; les habitants s'enfuient épouvantés et se réfugient à Deurt-Yol. Le Katholikos de Cilicie lance des dépêches au Patriarcat de Constantinople et au Centre du Vilayet, signalant la gravité tragique de la situation, et demandant que des mesures énergiques fussent prises d'urgence pour conjurer l'imminente catastrophe.

C'est en ces jours de terreur et d'angoisse que le nouveau Vali, Djévad Bey, arrive à Adana. Le jour même de sa venue, des Turcs d'Idlib, soudoyés par la bande d'Abdul-Kadir, font cette proclamation au marché et sur les places publiques de la ville : « Le Chériat Mahometan défendant formellement aux Musulmanes de se rendre au Bazar et de faire des emplettes, nous enjoignons aux commerçants, tant Musulmans que Chrétiens, de ne pas recevoir les dames turques dans leurs magasins, sous peine de nous obliger à les en sortir de vive force ».

Le soir du même jour, sous prétexte de faire mettre en liberté un meurtrier du nom d'Arab Mahmoud, les Turcs organisent, toujours à l'instigation d'Abdul Kadir, une bruyante manifestation, dont le but réel était d'effrayer le nouveau Vali en lui faisant sentir la puissance redoutable de la bande criminelle. Djévad Bey eut, ce jour là, une attitude énergique et décidée; il ordonna aux troupes de charger la populace et de la disperser; mais le lendemain, il commit l'infamie d'adresser à la Sublime Porte une dépêche où il protestait contre les révélations du Catholikos de Cilicie sur les dispositions menaçantes du peuple turc et la situation critique de la population arménienne du vilayet, et y opposait un formel démenti, bien que lui-même eût demandé au Cinquième Corps d'Armée l'envoi d'urgence de renforts militaires.

Le cinquième jour du Baïram nous arrivions à Adana après une absence de trois mois et demi. Et le soir même de notre arrivée, nous trouvions à l'Archevêché des lettres des Communautés arméniennes

de Kars-Bazar, de Baghdjé, de Nadjarli (*), du Cheikh-Mourad, demandant aide et protection contre le fanatisme menaçant de Turcs. Nous
apprîmes aussi que les religieux latins de Kars-Bazar venaient de
faire parvenir à leur Consulat de Mersine une lettre l'avisant de leur
situation critique et désespérée. Justement alarmé par toutes ces nouvelles, j'envoyai de nuit mon vicaire chez le Vali pour le conjurer
de protéger la population arménienne sans défense de ces localités
contre la fureur et le fanatisme de la populace turque. Comme le
Gouvernement Central avait alors enjoint aux autorités provinciales
de réprimer sévèrement les troubles, le Vali donna des ordres énergiques pour le rétablissement de l'ordre, ce qui fit que les projets de
massacre restèrent, encore une fois, à l'état embryonnaire.

Et pendant qu'à Adana même, l'horloger Mouheddin et ses sinistres
compagnons, obéissant aux instigations de la bande criminelle, vont criant
à travers le Bazar : « Nous allons bientôt vous égorger, ô Giaours ! »,
à Hadjin, le fils de l'ex-Mufti, Keur Ahmed, écrit aux paysans turcs
des lettres les exhortant à massacrer sans pitié les Arméniens des
environs et à venir ensuite à Hadjin, le jour du Baïram, pour passer
au fil de l'épée les habitants arméniens de la ville.

Une de ces lettres incendiaires est interceptée, grâce à la vigilance
du Kaïmakam de Hadjin (Abdul-Halim), un Arabe orthodoxe. L'affaire
est déférée aux autorités de Sis et d'Adana ; tout le monde s'attend à
ce que ce traître à la patrie reçoive un châtiment exemplaire. Le Gouvernement hésite, le Comité « Union et Progrès » protège secrètement le
provocateur, qui est relâché au bout de quelques jours d'incarcération,
« sans autre forme de procès » (**). Et quelques mois plus tard, le Gouver-

----

(*) En octobre 1908, des *Abdals* nomades, qui sont tributaires du chef de tribu Kérim
Agha, fils de Khallo, assiègent le village de *Nadjarli* et font cette menace aux paysans
arméniens : « O Giaours, vous semez maintenant, mais sachez qu' avec l'aide d'Allah, c'est
nous qui récolterons le fruit de vos travaux ». Les villageois, épouvantés, s'adressent
aux autorités et à l'Archevêché. A la suite de nos démarches, le Gouvernement se décide
à envoyer sur les lieux deux notables d'Adana, Sélim Bey et Garabed Effendi Tchalian,
membres du Comité « Union et Progrès », en compagnie du colonel de la Gendarmerie,
Rifat Bey, et de quelques gendarmes. Le rapport de la Commission d'enquête constate
la véracité des dires des paysans arméniens ; mais le Gouvernement ne sévit pas contre
les coupables. Leur impunité fut un encouragement tacite donné au mouvement réactionnaire qui alla se propageant.

(**) A la suite des provocations de Keur Ahmed, deux Arméniens furent assassinés à
Echdjiali, village du sandjak de Kozan. Les meurtriers, arrêtés, firent des aveux complets,
déclarant qu'ils avaient agi à l'instigation de Keur Ahmed et de ses acolytes. Au commencement du mois de mars de cette année, sous prétexte de maladie, on les transféra de la
prison à l'hôpital, et le 1er avril on leur rendit la liberté et on les arma de fusils Martini
pour leur permettre de coopérer efficacement à l'œuvre d'extermination !

nement récompense le zèle et le patriotisme du Kaïmakam de Hadjin en le révoquant purement et simplement de ses fonctions, trouvant sans doute qu'il s'en acquittait trop bien pour un fonctionnaire turc !

Les mêmes menaces de mort sont proférées contre les Arméniens de Baghdjé par une bande de scélérats turcs, et c'est seulement grâce aux démarches énergiques de l'Archevêché auprès du Gouvernement qu'elles ne sont pas suivies d'exécution (*).

Ce qui, à notre retour à Adana, frappa douloureusement notre attention et nous causa de trop justes alarmes, ce fut de voir que sous un Régime qui se disait Constitutionnel, le Gouvernement d'une province aussi importante que celle d'Adana était confié à un ancien courtisan d'Abdul Hamid, ennemi juré des Arméniens, réactionnaire et traître à la patrie — Djavid-Bey ; que le Commandement militaire du vilayet se trouvait entre les mains de Férik Mustafa Remzi Pacha, féal serviteur de son *Seigneur* et Maître le Sultan Rouge, et qui avait été l'organisateur en chef des massacres de Marache (1895-96) ; et qu'enfin la gendarmerie du vilayet était placée sous les ordres d'un homme sans conscience, ignare et fanatique.

C'est cette infernale trinité, c'est ce sinistre triumvirat, qui, aidé et soutenu par tous les fonctionnaires subalternes du vilayet, a présidé à l'organisation des récentes tueries.

(*) Tous ces faits et incidents se trouvent relatés dans le rapport détaillé en langue turque qu'à la date du 23 janvier dernier (Nᵒ 101) nous adressâmes au Grand-Vizir, au Président de la Chambre des Députés, aux Ministres de la Justice et de l'Intérieur, au Gouverneur général d'Adana, ainsi qu'au Katholikos de Sis et au Patriarche de Constantinople.

III

Voyant, d'un côté, la fureur croissante du fanatisme turc, et de l'autre, la terreur constante dans laquelle vivait la population arménienne de notre diocèse; profondément convaincu que le salut du pays dépendait du maintien de la Constitution, qui reposait sur la solidarité et la concorde des diverses nationalités de l'Empire, nous résolûmes de faire tout ce qui était en notre pouvoir pour dissiper les malentendus, apaiser les passions déchaînées et ramener le calme dans les esprits surexcités.

Dans cette intention, nous adressâmes à nos diocésains une Lettre Pastorale en date du 7 novembre, dont voici les passages les plus importants:

« ..... La Liberté qui a succédé à la plus affreuse des servi-
« tudes, au plus monstrueux des despotismes, donne satisfaction,
« dans une certaine mesure, à nos désidérata d'Arméniens et
« de citoyens ottomans. Mais la liberté n'est rien sans la justice
« et l'égalité sociale, qui sont le couronnement de l'édifice
« constitutionnel. La liberté est le premier-né des bienfaits de
« la Constitution; il faut la conserver, l'élever avec soin, car
« c'est d'elle que naîtront la justice et l'égalité qui apporteront
« la réalisation de tous nos désirs et donneront satisfaction à
« tous nos besoins. N'abusons jamais de la jeune liberté; ne
« nous en grisons pas follement; tâchons, au contraire, d'en
« user sagement et de la faire servir à notre progrès matériel
« et moral. La liberté doit nous apparaître, non pas comme
« un but, mais comme un moyen d'arriver à des buts plus
« élevés encore, qui sont l'égalité et la justice.

« Tant que l'injustice, la partialité, les distinctions de race
« et de religion prédomineront dans les sphères gouvernemen-

« tales et dans les couches sociales du pays, la Constitution
« n'aura pas réalisé toutes ses promesses; elle n'aura pas atteint
« son but.

« La Constitution d'aujourd'hui est incapable de satisfaire
« complètement toutes les races qui composent la nation otto-
« mane ; mais nous espérons que le Parlement qui sera bientôt
« élu, sera animé d'un pur et sincère patriotisme et voudra
« doter le pays d'une Constitution parfaite, permettant à tous
« les peuples de progresser et de se développer librement et
« solidairement pour le plus grand bien et la plus grande
« gloire de la patrie ottomane.

« Le peuple arménien, intelligent, actif et honnête, plus
« apte que la plupart de ses voisins à s'assimiler les bienfaits
« de la Civilisation, déploiera, nous l'espérons, toutes ses
« qualités historiques et montrera par sa conduite qu'il sait
« non seulement se sacrifier pour la liberté, mais aussi en user
« honnêtement et loyalement, prouvant par là qu'il en est
« vraiment digne.

« Notre devoir le plus sacré étant de sauvegarder la
« liberté, qui a créé l'union et la solidarité des peuples de
« l'Empire, nous vous recommandons instamment de vous
« montrer bienveillants et conciliants dans votre conduite
« vis-à-vis de vos concitoyens turcs. Il est vrai que ceux-ci,
« sous l'ancien régime, vous maltraitaient et vous opprimaient
« cruellement, mais ils n'étaient pas responsables de leurs actes,
« qui leur étaient dictés, inspirés et imposés par la criminelle
« camarilla de Yildiz. Dépouillez tout sentiment de vengeance,
« car si la haine et la rancune furent les fruits maudits de
« la tyrannie, l'amour sera le fruit divin de la liberté. Vivez
« donc en frères, en compatriotes, avec les Musulmans, aussi
« longtemps qu'ils resteront fidèles à la Constitution.

« Il y aura toujours autour de vous des intrigants et des
« agitateurs ayant intérêt à pêcher en eau trouble. Ils s'effor-
« ceront de semer la haine et la discorde entre les diverses
« races du pays et de fomenter des troubles. Le Gouvernement
« actuel et la glorieuse Armée Ottomane étant sincèrement atta-

« chés à la Constitution, nous sommes persuadé que ces conspi-
« rateurs ne réussiront jamais à mettre à exécution leurs noirs
« desseins. Ne vous occupez donc pas de ce qu'ils font et de ce
« qu'ils disent ; occupez-vous de vos affaires, tout en vous tenant
« prêts pour la défense de vos intérêts et de ceux de la patrie
« Evitez de créer des difficultés au Gouvernement dont la tâche
« est si ardue ; prêtez-lui, au contraire, aide et assistance pour
« le maintien de l'ordre public. Montrez par vos actes que votre
« amour et votre respect pour la patrie ottomane et pour vos
« concitoyens turcs sont sincères et durables.

« Si vous êtes victimes d'actes arbitraires, d'abus et de
« vexations, adressez-vous sans crainte aux autorités locales, et
« si vos démarches restent sans effet, si vos plaintes ne sont pas
« écoutées, adressez-vous à l'Archevêché, qui est prêt, comme
« par le passé, à prendre la défense de vos droits méconnus et
« de vos intérêts lésés. Nous vous adjurons seulement de ne
« jamais vous écarter de la vérité dans vos plaintes et vos
« réclamations, de présenter les questions dans leur nue simpli-
« cité, sans exagération ni altération. »

Nous donnions ensuite divers conseils pour l'ouverture de salles
de lectures et de conférences, la fondation d'écoles du soir pour les
adultes, et insistions sur la nécessité de travailler plus que jamais
à l'instruction et à l'éducation du peuple arménien, dont l'ancien régime
avait entravé le libre développement intellectuel.

Et tandis que dans les églises arméniennes de notre diocèse, cette
lettre pastorale était lue du haut de la chaire, un *Hodja* déguisé sous
le nom d'« Arab Molla » faisait le tour du vilayet, prêchant la haine
des Chrétiens et excitant le fanatisme de la populace. Il vociférait dans
les Mosquées : « Les Chrétiens sont des serpents, ils mordent ; tant que
nous ne les aurons pas écrasés sous nos talons, nous ne serons pas
tranquilles ». Aussitôt que nous eûmes connaissance de ce fait, nous
nous rendîmes chez le Gouverneur à qui nous fîmes d'énergiques représentations, réclamant l'arrestation immédiate et l'expulsion de ce fomen-
tateur de troubles.

Djévad Bey nous le promit hypocritement, mais deux jours après,
il nous fit savoir que le prédicateur avait disparu de Sis, après y avoir
publiquement exprimé son repentir. Cette déclaration cynique nous
stupéfia, car nous étions sûr que le Gouvernement complice avait laissé
le provocateur s'échapper, pour aller poursuivre ailleurs son œuvre

de haine et de fanatisme ; nous en eûmes la preuve lors d'une tournée pastorale que nous entreprîmes à quelque temps de là ; des Arméniens de Baghdjé Kaza nous racontèrent en effet que le faux religieux s'était rendu jusque dans les derniers villages du sandjak de Djébel-Béréket, et avait prêché secrètement aux paysans turcs la haine des maudits « Giaours ».

Voyant que malgré nos démarches et nos protestations, la situation ne s'améliorait pas et que l'épée de Damoclès restait toujours suspendue sur la population arménienne des montagnes, nous nous vîmes obligé de faire une visite pastorale à nos diocésains de Djébel-Béréket, pour voir de près l'état des choses et aviser au moyen d'y remédier.

Nous visitâmes un à un tous les villages du sandjak, interrogeant avec soin les habitants, examinant et contrôlant les faits qui nous étaient rapportés. Lorsque, ayant terminé notre enquête, nous acquîmes la conviction que sous la direction des notables et des religieux musulmans du *sandjak* une ténébreuse conspiration se tramait au sein du peuple turc contre la Constitution et ses partisans, conspiration dont les Arméniens étaient destinés à être les premières victimes, nous jugeâmes de notre devoir de pasteur d'exhorter nos ouailles à s'armer dans la mesure de leurs moyens.

Cela leur permettrait non seulement de remplir leurs devoirs de citoyens envers la Constitution au cas où celle-ci serait en danger, mais aussi de se défendre contre les agressions de la foule fanatique, en attendant que le Gouvernement constitutionnel vînt à leur aide. Dans le cours de ce voyage qui dura un mois, nous eûmes l'occasion de connaître le Gouverneur (mutessarif) de Djébel-Béréket et de voir de près sa façon d'agir, qui n'avait rien de constitutionnel.

Nous ne trouvâmes dans tout le *sandjak* qu'un seul *kaïmakam* qui fût vraiment imbu des nouveaux principes ; tous les fonctionnaires, depuis le *mutessarif* jusqu'au plus infime représentant de l'autorité, trahissaient ouvertement la patrie et la Constitution.

De retour à Adana, nous exposâmes longuement au Vali la situation grave créée à Djébel-Béréket par l'incurie, la mauvaise volonté manifeste et les coupables agissements des fonctionnaires du sandjak ; Djévad Bey nous écouta avec l'hypocrite bienveillance dont il était coutumier. Nous ne nous contentâmes pas de cet exposé verbal et lui présentâmes un rapport détaillé où se trouvaient consignés les faits dont nous avions eu connaissance au cours de notre enquête, ainsi que les observations et les réflexions qu'ils nous avaient suggérées. (*)

(*) Nous avions l'intention, si notre premier rapport était pris en sérieuse considération, de présenter au Vali des rapports analogues sur la situation dans les autres sandjaks du Vilayet.

Djévad Bey, influencé par nous ne savons quelles forces occultes, avait toujours accueilli avec une sourde hostilité et une évidente malveillance les démarches qu'en raison de nos fonctions épiscopales, nous faisions auprès de lui pour les affaires de notre Communauté.

Connaissant les dispositions du Vali à l'égard de nos ouailles, ainsi que son absolue incapacité administrative, nous n'espérions de lui, à vrai dire, aucun remède efficace aux maux que nous lui signalions ; c'est pourquoi nous jugeâmes utile d'adresser des exemplaires de notre dit rapport au Grand-Vizir, au Président de la Chambre, aux Ministres de la Justice et de l'Intérieur, ainsi qu'au Patriarcat de Constantinople et aux journaux turcs et arméniens de la capitale.

Dans ce rapport était exposée et soigneusement étudiée la situation dans chaque *kaza* du sandjak de Djébel-Béréket, et se trouvaient signalées les vexations et persécutions de toutes sortes auxquelles nos diocésains étaient en butte soit de la part de particuliers soit de la part des autorités ; nous y désignions nommément tous les tyranneaux qui, en dépit de la Constitution et au mépris de toute justice et de toute légalité, continuaient à traiter les Arméniens comme un troupeau d'esclaves, de gens taillables et corvéables à merci ; nous y dénoncions tous les agitateurs, tous les partisans de l'Ancien Régime qui conspiraient contre la Constitution Ottomane et contre la sécurité des Arméniens. Nous terminions notre rapport en demandant qu'une Commission spéciale fût nommée par le Gouvernement avec mission de procéder à une enquête officielle sur les faits signalés par nous et de décider des mesures à prendre pour le maintien de l'ordre. (*)

Le Vali s'abstint de faire droit à notre légitime demande, ne trouvant rien de mieux à faire que de communiquer aux coupables les passages de notre rapport qui les concernaient, afin de leur permettre de préparer à loisir leur propre défense, après avoir pris connaissance des accusations qui pesaient sur eux. Le résultat de cette traîtrise fut que les fonctionnaires, se voyant soutenus et protégés officiellement par leur chef hiérarchique, se mirent à maltraiter et à persécuter de plus belle les malheureux Arméniens, pour les punir d'avoir osé porter plainte contre eux.

Mais le Vali ne s'arrêta pas là ; il adressa au Ministre de l'Intérieur des rapports secrets contre moi, tissus de calomnies et de mensonges. (**)

Le Mutessarif de Djébel-Béréket, encouragé par le Vali, fit insé-

---

(*) Voir les principaux passages de ce rapport à l'Appendice A.

(**) Le Ministre ayant communiqué au Katholikos de Cilicie le contenu de ces rapports, nous lui répondîmes par une longue lettre explicative, (Voir la deuxième partie.)

rer dans le journal *Rehberi-Itidal,* qui se publiait à Adana sous les auspices et avec les deniers de la bande d'Abdul Kadir, un factum plein d'invectives, de calomnies et d'injures, en réponse à notre rapport que le *Houkouki Oumoumié,* journal turc de Constantinople, avait publié en entier. Nous voulûmes répondre à ce libelle infâme dans le journal même où il avait paru ; mais la publication de notre article fut interdite par ordre du Vali, complice et protecteur de nos adversaires.

La situation, à Adana, n'était pas meilleure que dans le sandjak de Djébel-Béréket : il s'y passait des faits d'une exceptionnelle gravité.

Le 28 septembre, on trouvait près de Hamidié le cadavre, horriblement mutilé, d'un adolescent arménien du nom d'Arakel Berberian, frappé de cinq coups de fusil et de sept coups de poignard. Le 30 novembre, un turc de Tarsous se jetait en pleine rue sur une institutrice arménienne, essayant de la violenter ; le 29 décembre, une bande d'énergumènes turcs assaillaient à coup de bâtons des enfants de chœur arméniens, revenant d'un enterrement. Un Arménien du nom de Tchopour Dikran était traîné au Commissariat de Police et y était fustigé d'importance par le Commandant de la Gendarmerie lui-même, Ahmed Bey.

Djévad Bey nous disait un jour avec un ricanement sardonique en réponse à des représentations que nous lui faisions : « Que croyez-vous, vous autres Arméniens, être devenus depuis la Constitution ?... » trahissant ainsi sa psychologie de fonctionnaire arménophobe et réactionnaire.

Aucun doute ne pouvait plus subsister sur l'état d'esprit des fonctionnaires, qui conspiraient ouvertement contre le régime constitutionnel.

Pendant ce temps, à Constantinople, les luttes et les passions politiques se dechaînaient avec une violence inouïe, faisant pressentir un bouleversement prochain ; de grandes quantités d'armes et de munitions étaient continuellement envoyées par le Gouvernement dans toutes les parties de la Cilicie. (Selon la déclaration des membres du Comité local de l' « Union et Progrès », ces envois d'armes et de munitions étaient faits en *prévision* d'un complot réactionnaire, pour permettre aux autorités locales de parer à toute éventualités.)

Vers la même époque, le Gouverneur de Marache, fonctionnaire honnête et libéral, attaqué, et menacé de mort par la populace turque qu'avaient indignée ses actes de *gouverneur constitutionnel,* s'enfuyait à Alep, mais, avant de gagner cette ville, trépassait subitement à Aïntab de la frayeur que l'événement lui avait causée. (*)

____

(*) Le Gouverneur avait assisté dans la mosquée d'Oulou Djami, à la prière de vendredi, à la fin de laquelle, lorsque l'*iman* lance l'anathème contre les *Kiafirs* et les *Giaours* (infidèles) le peuple y répond par l'invocation suivante : « O Allah, fais que la femme du *Giaour* devienne veuve, que son enfant devienne orphelin, et donne-nous la possession de ses biens ». Le Gouverneur monte à la chaire après la cérémonie et s'a-

Tous ces faits et d'autres encore, dont l'énumération serait fastidieuse, nous convainquirent à la longue que le pays, et particulièrement la Cilicie, se trouvait à la veille de sanglantes surprises. Ce pessimisme se trouve fidèlement traduit dans les lignes suivantes, détachées d'une correspondance que nous adressâmes alors au journal *Puzantion* de Constantinople : (*) « La situation de notre vilayet était meilleure sous l'ancien régime que sous le Gouvernement actuel. Certains faits et indices nous inclinent à croire que la Comédie Constitutionnelle qui se joue aujourd'hui ne tardera pas à tourner au drame et à la tragédie ».

Un nouvel incident vint, sur ces entrefaites, influencer fâcheusement la mentalité du peuple turc. A peine nommé Grand-Vizir, Hussein Hilmi Pacha se mettait en devoir de lancer aux autorités provinciales une dépêche leur enjoignant de ne reconnaître officiellement aucun parti, aucune association politique en dehors du Comité « Union et Progrès ». Jusque-là, les partis révolutionnaires arméniens *Hintchakiste* et *Drochakiste* passaient aux yeux du peuple arménien comme du peuple turc pour des associations légales et patriotiques, dont le programme et l'activité n'avait rien de subversif. La dépêche de Hilmi Pacha vint malheureusement éveiller contre eux la suspicion et la défiance de l'élément turc, que le Gouvernement d'Abdul Hamid n'avait que trop habitué à voir dans les *Comités Arméniens* des organisations révolutionnaires travaillant à la ruine de la Turquie, et que le Gouvernement constitutionnel semblait vouloir ramener à cette ancienne conception des temps hamidiens.

La population de notre diocèse, ainsi que les partis politiques arméniens, ne tardèrent pas à se rendre compte du sourd mouvement de fanatisme et de réaction qui travaillait la masse musulmane.

---

dressant à la foule fanatique des croyants, déclare qu'il n'y a plus de *Giaours* dans la Turquie Constitutionnelle, mais seulement des Ottomans, et que pour ne pas blesser les susceptibilités de nos compatriotes chrétiens et pour éviter à l'avenir d'exciter le fanatisme du peuple musulman, il faut supprimer dans la prière de vendredi ce passage concernant les *Giaours*. De là l'exaspération des Musulmans contre le malheureux Gouverneur. Cette fameuse prière doit être considérée comme le fondement religieux et comme le principal facteur moral des massacres de Chrétiens en Turquie. Elle fait croire au Musulman qu'il tient de sa religion et de son Allah le droit imprescriptible de rendre veuve la femme, et orphelin l'enfant du Chrétien et de s'approprier ses biens. Comment pourra-t-on concilier le Chériat et la Constitution tant que de pareils commandements religieux tomberont du haut de la chaire dans l'âme fanatique de la foule musulmane? C'est pour cette raison que la revue *Orient and Occident*, organe des missionnaires américains au Caire, dans un article consacré aux massacres d'Adana, exigeait avec juste raison la suppression de cette prière infernale qui, au nom de la religion, pousse au meurtre et au crime les Musulmans ignorants et naturellement enclins au fanatisme. (*Orient and Occident*, 21st. may 1909, N° 20, p. 167.)

(*) Cette correspondance fut publiée dans le N° 3719 du *Puzantion*.

Par une saine compréhension des exigences de la situation, ils s'abstinrent peu à peu de tout acte, de toute manifestation pouvant servir de prétexte aux meneurs de la populace turque pour déchaîner la tempête de haine et de colère qui grondait dans les sombres profondeurs de son âme primitive. (*)

Cependant le Vali, au lieu de travailler sincèrement au salut du pays dont le sort lui avait été confié, persévérait dans sa conduite criminelle, et subissait de plus en plus l'influence néfaste de la clique réactionnaire. Il poussa l'audace et le cynisme si loin que même les soi-disant libéraux turcs, membres de l'*Ihihad,* commencèrent à le critiquer et à le vilipender ouvertement; Ihsan Fikri, à qui les récents massacres valurent une si triste célébrité, publia dans son journal l'*Ittidal* une violente diatribe contre le Vali, lui reprochant son incapacité et le rappelant à l'ordre. Au lieu de s'amender, Djévad Bey ne fit que resserrer davantage les liens d'amitié qui l'unissaient aux partisans de l'ancien régime. C'est pendant cette période agitée que de graves incidents survinrent dans le vilayet, tous préparés par la bande d'Abdul Kadir, dans le but d'exciter contre les Arméniens le fanatisme des Musulmans et de les pousser à perpétrer enfin le crime collectif depuis longtemps prémédité.

Quelques Turcs, ayant rempli de matière fécale une boîte de zinc, vont nuitamment en enduire la porte de la mosquée *Oulou Djami.* Ce sacrilège devait être naturellement attribué aux Arméniens, aux *Giaours.* Les coupables, heureusement, sont pris sur le fait, mais leur identité de Musulmans ayant été dûment constatée, ils sont relâchés après quelques jours d'incarcération. Le fait se répète à quelque temps de là; les Arméniens protestent énergiquement auprès du Gouvernement; mais le Vali et le journal d'Ihsan Fikri démentent la chose à qui mieux mieux.

Au commencement du mois de février, Keur Ahmed, le fils du fameux Mufti, lance une dépêche au Vali d'Adana, accusant les Arméniens de Hadjin de vouloir massacrer les Turcs. Le Gouvernement envoie comme enquêteur à Hadjin le nouveau Mutessarif de Kozan; Keur Ahmed est, encore une fois, convaincu de mensonge et de trahison,

---

(*) D'ailleurs, la population arménienne d'Adana avait été, dès les premiers jours de la Constitution, très sobre de manifestations, en comparaison des populations des autres provinces. Le Katholikos de Cilicie se trouvait à Adana pendant les réjouissances et fêtes populaires qui y eurent lieu au lendemain de la proclamation de la Constitution. Il reçut un jour la visite d'un Consul de Mersine, lequel, au cours de l'entrevue, pria Sa Sainteté de vouloir bien prêcher le calme et la modération à ses ouailles, en leur conseillant de s'abstenir autant que possible de toutes manifestations bruyantes, car il n'augurait, quant à lui, rien de bon de ce changement de régime et redoutait de sanglantes surprises. Le peuple eut connaissance de ces sages paroles et sut mettre à profit la leçon qu'elles contenaient en modérant peu à peu son ardeur des premiers jours.

mais encore une fois, il est laissé impuni. Vers la fin du même mois, alors que nous nous trouvions à Tarsous, des Turcs d'Idlib affiliés à la bande d'Abdul Kadir firent courir le bruit que les Arméniens de la ville se préparaient à envahir l'arsenal du Gouvernement, pour faire main basse sur les armes et les munitions de guerre.

Le Vali et le Commandant militaire, Mustapha Remzi Pacha, l'organisateur du massacre de Marache (1895), firent aussitôt cerner par les troupes non seulement l'arsenal mais aussi les quartiers arméniens! Le fait se passe de tout commentaire.

Les membres musulmans du Conseil Général de la province, ayant à leur tête le Vali, faisaient une opposition opiniâtre, systématique à toutes les propositions utiles et patriotiques émanant des conseillers arméniens, et cherchaient à empêcher par tous les moyens l'exécution de toutes réformes, de tous travaux pouvant profiter aux Arméniens d'une manière quelconque.

La démarche collective par laquelle la population arménienne du vilayet signifia au Gouvernement son refus de payer l'impôt militaire pour l'année financière 1325 et son désir légitime, sa volonté de faire le service militaire prescrit par la Constitution, vint exaspérer davantage les représentants de l'autorité et les notables turcs d'Adana.

Nous devons dire pourtant que malgré tout cela, malgré tous ces faits alarmants, tous ces symptômes inquiétants, nous conservions encore au fond de notre âme un reste d'optimisme et de confiance, car nous demeurions convaincu que le Gouvernement « jeune-turc » ne laisserait pas les choses aller trop loin et saurait prévenir à temps le malheur qui menaçait la Cilicie.

IV

A ces événements succéda un calme relatif, que seul troubla le meurtre de trois muletiers arméniens de Sis par des Musulmans de la tribu *Abdal.*

Profitant de cette brève accalmie, nous partîmes, le 4 mars, en Egypte, (muni du passeport officiel, sub n° 4 visé le 3 16 mars,) pour, en conformité de la décision prise par l'Assemblée Provinciale de notre diocèse en date du 16 février 1909, y recueillir une partie des fonds nécessaires à la fondation d'une École d'Agriculture à Adana.

Pendant que nous poursuivions en Egypte la réalisation de notre but en faisant des démarches auprès tant de l'Union Générale de Bienfaisance Arménienne présidée par S. E. Boghos Pacha Nubar, que des notables de la Colonie Arménienne, les événements se précipitaient à Adana d'une façon imprévue, hâtant le tragique dénoûment désiré par les Turcs, redouté par les Arméniens.

Une grande agitation se manifestait dans le monde musulman à la suite de certains faits que nous relatons ci-après et qui constituent autant de preuves de la scélératesse du Vali et de la coupable amitié qui le liait aux réactionnaires turcs d'Adana.

Le rédacteur de l'*Ittidal,* Ihsan Fikri, avait été, sous l'ancien régime, condamné à l'exil et à la détention dans la forteresse de Payas; Bahri Pacha, du temps qu'il était gouverneur d'Adana, avait obtenu du Palais sa grâce et sa nomination au poste de directeur de l'Ecole Gouvernementale des Arts et Métiers d'Adana.

Or, il y a trois ans de cela, une Commission d'enquête fut nommée pour examiner les griefs et les plaintes auxquels avait donné lieu la gestion d'Ihsan Fikri. Nous fîmes partie de cette Commission, dont le rapport fut nettement défavorable au directeur, qui dut se démettre de ses fonctions, ainsi que son camarade et complice Moukhtar Fikri, professeur à l'Ecole.

A partir de ce jour, nous fûmes l'objet de la sourde animosité des deux Fikri, dont la haine s'acharna également contre le nouveau directeur de l'Ecole, le nommé Ali Effendi Guerguerli, qui avait été autrefois le compagnon d'exil d'Abdul Kadir,

Aussitôt la Constitution proclamée, Ihsan Fikri, fort de sa position de président du Comité local de l' « Union et Progrès », mena dans son journal une violente campagne contre Ali Guerguérli, sans toutefois réussir à provoquer sa destitution.

Le nouveau directeur fut cependant déféré au Conseil Provincial du vilayet (Idaré Medjlissi) sur la dénonciation de deux professeurs de l'Ecole. Mais Ihsan Fikri et ses acolytes, sachant que Guerguérli jouissait de la protection du Vali et que très probablement il serait acquitté haut la main, jugent nécessaire de soulever contre lui l'opinion publique en organisant un grand meeting international de protestation. Guerguérli ne reste pas inactif et prépare, avec le concours de ses amis, une contre-manifestation ; pour intimider ses adversaires, il les avertit qu'au cas où le meeting qu'ils projetaient aurait lieu, il y aurait effusion de sang. Djévad Bey fait tout son possible pour empêcher la réunion des deux meetings adverses. L'Archevêché, de son côté, conseille aux Arméniens de n'assister ni à l'un ni à l'autre. La manifestation organisée par Ihsan Fikri et ses amis avorte ; furieux de son échec, Ihsan Fikri publie dans son journal une virulente diatribe contre le Vali, l'accusant d'être l'ami, le complice et l'instrument docile des réactionnaires. Il dit, entre autres aménités : « Notre Vali, formé à l'école d'Abdul Hamid, administre le pays selon les procédés de l'ancien régime, mais la situation de notre vilayet est pire aujourd'hui qu'avant la Constitution, car, alors, le peuple avait du moins *la peur de la tyrannie* et vaquait tranquillement à ses affaires ; tandis que maintenant »... (*)

Cet article d'Ihsan Fikri jette l'émoi dans le camp des fidèles amis et alliés de Djévad Bey, qui, pour sauver son honneur et son prestige s'efforcent de créer autour de lui un mouvement de sympathie populaire. Par l'intermédiaire de Soubhi Pacha, de Hodja Mudjtaba Effendi et de Youssouf També, ils prient l'Archevêché arménien de prendre part à ce mouvement et de signer l'adresse de remercîments qu'ils avaient l'intention d'envoyer au Gouvernement Central en faveur du Vali. Le Conseil Civil de l'Archevêché, présidé par notre Vicaire, oppose à cette demande une fin de non-recevoir, déclarant qu'il ne saurait s'associer à un acte ayant pour but d'honorer et de glorifier un gouverneur dont il réprouvait les actes et la conduite, et à qui, notamment, il reprochait ses tendances arménophobes. (**)

(*) Le sinistre gredin qui fulminait ainsi contre le Vali d'Adana ne tardera pas à se réconcilier avec ce dernier et lui prêtera son concours et son appui pour la parfaite exécution du plan d'extermination et de destruction depuis longtemps élaboré, — ainsi qu'en font foi les ignobles articles qu'il publia dans son journal pendant et après les massacres.

(**) Les Communautés grecque-orthodoxe et arménienne-protestante refusèrent également de signer l'adresse, ayant contre le Vali les mêmes sujets de plainte que notre Communauté,

Les Turcs ne pardonnèrent pas aux Arméniens leur abstention de la manifestation de sympathie organisée en l'honneur de leur Vali bien-aimé, et y trouvèrent un nouvel aliment pour leur haine et leur fanatisme.

Une autre cause de mécontentement et d'excitation pour les Turcs, ce fut la déposition d'un témoin arménien, H. Aslanian, au procès de Guerguerli, déposition nettement défavorable à l'accusé, ainsi que la conduite du membre arménien du Conseil Provincial (Idaré Medjlissi), Mr Haroutiun Semmikian, qui avait exigé la condamnation d'Ali Guerguerli, alors que les membres turcs, le Vali en tête, votait son acquittement pur et simple. (Et ils savaient pertinemment que l'homme qu'ils innocentaient avait détourné des fonds destinés à des orphelins !) ·

A quelque temps de là, Ihsan Fikri révélait son caractère de bas démagogue et de vil flatteur des plus mauvais instincts populaires dans un article singulier où il disait aux paysans et aux cultivateurs qu'il n'y avait pas de Gouvernement dans le pays, qu'ils ne devaient par conséquent rien attendre des autorités, et leur conseillait de se charger eux-mêmes du soin de veiller à la garde de leurs biens, de leurs récoltes et de leurs troupeaux.

Cet article eut une profonde répercussion sur l'esprit de la populace turque, et renforça sa conviction que le pays était livré à l'anarchie, qu'Abdul Kadir et ses acolytes en étaient les véritables maîtres et qu'elle pouvait impunément donner libre cours à tous ses instincts de pillage et de meurtre.

C'est à cette époque que revient s'installer à Adana l'ex-commissaire de police, Zor Aly, jouissant ostensiblement d'une aisance dans laquelle on n'était pas habitué à le voir (*). *Zor Aly est soupçonné avec raison d'avoir accompagné à Adana de mystérieux émissaires envoyés de Constantinople* (**), *avec la mission secrète d'unir leurs efforts à ceux des réactionnaires d'Adana et de faire éclater le sanglant complot tramé par ceux-ci simultanément avec la révolte militaire de Constantinople.*

On voit en même temps apparaître au grand jour la ligue réactionnaire de l'*Ittihadi Mohamédié*, qui était demeurée secrète jusque-là. Hodja Moussa Kiazim était l'un des chefs de cette association, qui tenait

____

(*) Ce fonctionnaire arménophobe et concussionnaire avait eu l'audace de demander aux Arméniens un certificat de bonne conduite, avant de partir pour Constantinople, où il s'affilia au parti réactionnaire connu sous le nom de *Fédakiarani Millet*.

(**) Il a été ultérieurement prouvé par des enquêtes officielles qu'une dizaine de jours avant les massacres, des émissaires avaient été envoyés à Antioche. Ils s'étaient enfuis de la ville trois jours après le massacre qui y eut lieu, mais avaient été arrêtés et emprisonnés à Alep sous l'inculpation d'avoir été les instigateurs des troubles. Parmi eux se trouvait le chef du parti déjà nommé des *Fédakiarani Millet*, Sélim Bey Avnoullah, dont le passage a été constaté dans toutes les villes où il y eut des massacres, et notamment à Adana.

ses réunions dans les deux séminaires (médréssé) de la ville et dans la mosquée de Yagh-Djami. La police, ayant eu vent de ses menées réactionnaires, se met à la surveiller étroitement, tout en signalant ses agissements à l'attention du Vali. Celui-ci ne fait aucun cas des avis de la police et laisse les conspirateurs poursuivre tranquillement la réalisation de leurs projets criminels.

A partir du 15 mars, un visible changement se produit dans la conduite des Turcs vis-à-vis des Arméniens, laquelle devient ouvertement hostile et ménaçante. Même à Hamidié, où, depuis l'établissement de la Constitution, Turcs et Arméniens vivaient dans une parfaite harmonie, la situation change brusquement à la suite d'une visite qu'y fait le Gouverneur d'Adana et *des instructions mystérieuses* qu'il transmet aux notables de la ville. La population arménienne, alarmée par ce changement à vue, fait part à l'Archevêché de ses appréhensions, que l'événement ne tarda pas à justifier, hélas !

A Kars-Bazar, deux marchands ambulants, Krikor Dadourian et Ephrèm Euredjian, sont assassinés par des Musulmans. Le tailleur Vartevart est l'objet d'une tentative de meurtre et ne doit son salut qu'à l'intervention providentielle d'un berger.

Un bûcheron arménien, originaire de Hadjin, qui allait au village de Mehmedli en compagnie de deux turcs, est assailli en route par deux Musulmans qui veulent l'assassiner, disant qu'ils avaient *ordre d'égorger tous les Arméniens qu'ils rencontreraient.* Les Turcs qui accompagnaient l'Arménien, redoutant de se voir impliqués dans le crime, réussissent à grand' peine à l'empêcher. Le Kaïmakam de Kars-Bazar, voyant dans ces faits révélateurs les indices d'un complot réactionnaire, se décide à instruire le Vali de ce qui se passe dans son *kaza*. Les réactionnaires de la ville, informés de cette résolution du Kaïmakam, le menacent de mort au cas où il y donnerait suite. Le malheureux tiraillé entre la terreur que lui inspiraient ces gens et sa conscience bourrelée de remords, finit par perdre la raison.

Voici maintenant les plus caractéristiques des faits et incidents survenus à Adana pendant la même période :

1° De fieffés coquins, des scélérats notoirement connus, appartenant à la corporation des *Saldjis* turcs, *sont nommés gendarmes.* Le Gouvernement érige officiellement les fauteurs de troubles en gardiens de la paix !

2° Un jeune Arménien est enlevé nuitamment et conduit dans l'échoppe d'un Turc, où on lui fait subir les derniers outrages.

3° Un jeune homme du nom de Ohannès, fils de Garabet Yapoudjian, est poursuivi par une bande de voyous turcs, qui le rouent de coups et lui font des menaces de mort. Le jeune homme porte plainte au Gouvernorat contre ses agresseurs, mais inutilement. Ceux-ci ne sont pas le moins du monde inquiétés.

4° Des écolières arméniennes sont poursuivies en pleine rue par d'ignobles satyres ; une jeune fille défend courageusement son honneur en péril, et blesse d'un coup de poignard un de ses agresseurs.

5° Deux aventuriers turcs, les nommés Bahri et Fettah, volent le fusil d'un jeune arménien de Deurt-Yol (Tchok-Marzouan). Celui-ci dépose une plainte au Commissariat de Police par l'intermédiaire des avocats Tchalian et Geuvdérélian. Un jour, devant l'hôtel *Isbiroglou,* Bahri, l'un des voleurs, gifle l'avocat Tchalian, l'invitant, avec force menaces, à se désister de la plainte déposée contre lui. Indignés, des cordonniers arméniens qui assistaient à la scène, veulent intervenir et administrer au rustre une bonne raclée ; mais l'avocat apaise leur juste courroux en leur disant : « Ces gens-là veulent à toute force susciter des troubles ; ne leur fournissons pas de prétexte ; tenez-vous tranquilles, j'obtiendrai satisfaction par les moyens légaux ».

6° Des bandes de voleurs et de pillards turcs se forment, lesquelles parcourent de nuit et quelquefois de jour les quartiers arméniens, attaquant, brutalisant et dévalisant tous ceux qu'ils rencontrent sur leur chemin.

7° Un de leurs chefs, le nommé Kara Aly, embusqué aux portes de la ville, met en coupe réglée les malheureux laboureurs arméniens allant aux champs. Le domestique de l'Archevêché arménien fut attaqué et dévalisé par ce brigand un jour qu'il sortait de la ville.

8° Cette même bande persécute les ouvriers arméniens de la fabrique de coton du Dr Boutros, située hors de la ville. Effrayés, les ouvriers cessent un jour le travail. Le fabricant, un Mont-Libanais, dépose une plainte contre les bandits. Le chef, Keur Aly, est arrêté *pour la forme* et relâché vingt-quatre heures après.

9° Le mardi de la semaine sainte, le jeune Arménien dont il est parlé au paragraphe 3°, Ohannès Yapoudjian, attaqué de nouveau et sauvagement brutalisé par les mêmes satyres, se décide, devant l'imminence du danger, à défendre sa vie et son honneur : il tire son revolver, tue deux de ses agresseurs et blesse le troisième. L'émoi est grand dans les milieux turcs. Aux funérailles des deux Musulmans, de violents discours sont prononcés contre les « Giaours ». Les Arméniens sont terrorisés. Le Gouverneur, moralement responsable de ce meurtre qu'il aurait pu empêcher en sévissant à temps et avec toute l'énergie voulue contre les audacieux bandits qui infestaient depuis quelque temps la ville et la banlieue, s'unit à la populace en furie pour réclamer à l'Archevêché arménien le meurtrier qui s'était enfui, comme si l'Archevêché était un lieu de refuge pour les criminels ou un Commissariat de Police. Et lorsque le représentant de l'Archevêché repond au Vali que l'arrestation du coupable incombait au Gouvernement, lequel aurait dû prendre les mesures nécessaires pour empêcher sa fuite, et que l'Archevêché ne disposait d'aucune influence, d'aucune autorité sur un Arménien réfugié à l'étranger, le Vali ne craint pas de *blâmer les Arméniens de n'avoir pas livré le coupable aux autorités!*

Paroles pleines de menaçants sous-entendus et qui en disaient long sur les intentions du Gouvernement!

Ce meurtre porta à son paroxysme la fureur fanatique des Musulmans contre les Arméniens, et constitua le *précieux prétexte dont les conspirateurs d'Adana avaient besoin pour faire enfin éclater le formidable complot savamment ourdi dans l'ombre et le silence.* La populace turque s'apprêtait ouvertement à attaquer le quartier arménien où habitait le meurtrier des deux Turcs, pour le mettre à feu et à sang. Les Arméniens, épouvantés par les menaces et les préparatifs guerriers des Turcs, s'adressent aux autorités implorant leur protection. Le Vali, le Commandant des troupes et la Police font tout d'abord preuve d'une apparente et fausse bienveillance en empêchant pendant quelques nuits l'attaque projetée du quartier en question, nommé *Chabanié* (Toshaghi-Kalé). Ephémère protection!

L'agitation va en augmentant dans les milieux musulmans, alimentée par les efforts perfides des conspirateurs. Le Gouvernement, devenu officiellement leur complice, distribue en secret des armes et des munitions aux futurs massacreurs, en leur recommandant d'en faire usage *pour se défendre contre les agressions éventuelles des Arméniens!* (Le fait a été prouvé aussitôt après les massacres.)

Le mardi de Pâques, vers le soir, les quartiers turcs et les mosquées sont envahis par une foule énorme et grouillante de bachi-bozouks, tous armés de fusils et de cimeterres (yatagans) *et coiffés du turban blanc;* alors qu'en temps ordinaire, *en temps de paix,* ils mettent le fez ou tarbouch des Arabes, tous comme les Chrétiens. (*)

(*) De nombreux indices prouvent que les massacres avaient été savamment préparés et méthodiquement organisés selon un programme arrêté d'avance et qui a été exécuté partout de point en point. Citons-en les principaux :

1° A Constantinople, pendant l'émeute militaire du 13-31 Avril, tous les réactionnaires arborèrent le symbolique *turban blanc,* comme signe de ralliement. Le turban blanc a fait son apparition partout où il y a eu massacre, tentative de réaction, commencement de troubles. Il sert, *en temps de massacre,* à rallier les « croyants » et aussi à les distinguer d'avec les « infidèles » (giaours), pour éviter de sanglants et fâcheux malentendus.

2° Sur un mystérieux mot d'ordre, le fanatisme homicide et dévastateur éclata *le même jour* à Adana, à Osmanié, à Kozobouk, dans les campagnes environnantes, partout.

3° La destruction totale des propriétés, *maisons, fermes, églises et établissements scolaires* se fit partout régulièrement, systématiquement avec une rage, une sauvagerie pour ainsi dire méthodique, avec une surprenante uniformité de procédés. La préméditation de ruiner matériellement et moralement le peuple arménien de Cilicie est manifeste.

4° Partout les mêmes tortures furent infligées aux victimes ; partout furent commises d'identiques atrocités, furent imaginées et exécutées les mêmes façons de tuer, de violenter, de martyriser. Jamais le meurtre de tout un peuple par un autre peuple ne fut plus prémédité, mieux réglé dans tous ses détails, ne fut perpétré avec une sauvagerie plus froide et réfléchie.

5° Un jour avant le massacre, on vit les boutiques et magasins des Turcs à Adana **marqués du mot :** *Islam,* **destiné à les sauver du feu et du pillage.**

Afin de porter à son paroxysme l'excitation des esprits, les conspirateurs font assassiner par leurs sicaires, aux abords de la place de Saatkhané, un Arménien de Césarée, du nom de Loutfik, dont *ils savaient d'avance qu'il était circoncis.* Aussitôt le meurtre commis, ils font crier par leurs hommes dans tous les quartiers turcs : « Les Giaours viennent de tuer encore un Musulman ; ils ont juré de nous égorger tous…. ».

La nouvelle se répand partout avec la rapidité d'une traînée de poudre, mettant en émoi la populace turque, qui, par bandes compactes, s'assemble sur la place publique de la ville, agitée, houleuse, menaçante, proférant des cris de mort et de vengeance. Un médecin est mandé pour faire l'autopsie du cadavre de la victime ; par bonheur, c'est un Arménien, le docteur Keropé Djezvédjian, médecin municipal. Il ne craint pas de déclarer que le cadavre qu'on veut faire passer pour le corps d'un musulman est le cadavre d'un charpentier arménien du nom de *Loutfik, qu'il connaît très bien pour l'avoir opéré* à l'épaule quelques jours auparavant. Ce disant, il déshabille le cadavre, met à nu la blessure bandée par lui-même, ainsi qu'une croix tatouée sur le bras.

Malgré tous ces apprêts, toutes ces menaces et rumeurs de massacre qui leur inspiraient une folle terreur, les Arméniens demeuraient convaincus que le Gouvernement « constitutionnel » ne laisserait pas les choses tourner au tragique et remplirait son devoir en cas de péril.

Le mercredi 14 avril, les Arméniens, enhardis par *leur confiance* insensée en la loyauté et l'énergie du Gouvernement local, se rendent au marché pour vaquer à leurs occupations quotidiennes, interrompues pendant la fête de Pâques. Des milliers et des milliers de laboureurs et de vignerons vont à la campagne reprendre leurs travaux. Les Ecoles Arméniennes et celles des Missions étrangères rouvrent leurs portes aux 4000 élèves qui les fréquentent.

Tout à coup, une rumeur de massacre se répand dans la *ville.* A *Chabanié* et dans quelques quartiers situés à l'extrémité de la ville, la populace turque a *commencé les sanglantes vêpres arméniennes.* Au marché de Ketchédjiler, à l'endroit où quatre routes se croisent, elle assaille les passants arméniens, les blesse et les dévalise. Les gendarmes, au lieu d'arrêter les agresseurs ou de les disperser, conduisent au Caracole les malheureux Arméniens, qu'il rouent de coups durant le trajet. Quelques-uns de ces infortunés réussissent à s'esquiver et vont à l'Archevêché raconter ce qui se passe et donner l'alarme.

Les commerçants arméniens, pris de panique, ferment précipitamment leurs magasins et s'empressent de rentrer chez eux. La direction des Ecoles Arméniennes, ne voulant pas assumer de responsabilité, renvoie les élèves chez leurs parents.

A l'Archevêché, les membres du Conseil Civil de la Communauté et les notables arméniens s'étaient réunis dès le matin en séance extra-ordinaire pour se concerter sur les démarches à faire auprès du Gouverneur général en vue de la cessation des troubles et du rétablissement de l'ordre. Au moment où les délégués de l'Archevêché se préparaient à aller au Gouvernorat, un gendarme vint de la part du Vali inviter le Vicaire et les notables arméniens à se rendre au Konak. (*)

Le Vicaire et les notables arméniens se rendirent aussitôt au Gouvernorat, où se trouvaient déjà réunis les chefs spirituels de toutes les Communautés chrétiennes d'Adana, mandés également par le Vali. Celui-ci, plus hypocritement bénévole et paterne que jamais, leur fit des déclarations rassurantes, promettant de faire tout son possible pour réprimer les troubles et maintenir l'ordre et la sûreté publique; il leur ordonna de calmer les esprits et d'inviter leurs coreligionnaires à rouvrir leurs magasins.

Lorsque les délégués arméniens revinrent à l'Archevêché, ils y trouvèrent les premières victimes du fanatisme turc, les Arméniens venus du marché de Ketchédjiler, blessés et fous d'épouvante. Ils décidèrent, après un bref conciliabule, de retourner auprès du Gouverneur pour le prier d'envoyer des soldats au dit marché et de faire disperser la populace qui s'y trouvait assemblée. David Ourfalian, un des notables arméniens désignés pour cette suprême démarche, n'est pas plus tôt arrivé au marché que devant le *tache-maghaza* il tombe roide mort, abattu d'un coup de fusil que lui tire dans le dos un des hommes d'Abdul-Kadir, sur un signe de son chef.

Au même moment, un fonctionnaire assassinait dans la cour du Gouvernorat, sous les yeux de ses collègues, un autre notable arménien, Artin Chadrikian, membre du Conseil Civil de la Communauté et Conseiller municipal.

Le Gouvernement *réintègre dans ses fonctions l'ex-Commissaire de police d'Adana, le fameux Zor Aly, récemment revenu de Constantinople et fait assiéger le quartier Chabanié par une troupe de soldats, qui dirigent une terrible fusillade, annoncée par des sonneries de clairons,* contre la malheureuse population sans défense du quartier, dont l'unique et très grand crime était de servir de lieu d'habitation à l'Arménien *auteur du meurtre des deux bandits musulmans.*

Les Arméniens, se voyant condamnés à une mort certaine, puisqu'ils étaient abandonnés et trahis par ceux-là mêmes qui étaient officiellement chargés de veiller à leur sécurité et de les protéger en cas de péril, et qui, ô scélératesse ! s'unissaient à la populace en furie pour

---

(*) Palais du Gouverneur.

les exterminer impitoyablement, décidèrent d'user de leur droit de légitime défense et de vendre chèrement leur vie. Avec les faibles moyens de résistance dont ils disposaient, mais avec le courage tragique du désespoir, ils se défendirent héroïquement contre les agressions de la horde barbare des *bachibozouks* et des réguliers turcs coalisés.

La tuerie se répand rapidement dans toutes les rues, le cercle sanglant va en s'élargissant. Le Vali criminel, le grand organisateur de la boucherie, secondé par le Ferik Remzi Pacha, le Commandant de la Gendarmerie et les notables turcs, prête son concours à la foule des massacreurs et des incendiaires. Il rappelle les troupes qu'il avait tantôt chargées de la défense du Bazar dans le seul but de tromper et de rassurer les Arméniens par une marque de fausse bienveillance et de leur donner l'illusion, utile à ses desseins, que la protection paternelle du Gouvernement leur était acquise.

C'était pour permettre à ces soldats d'achever par toute la ville l'œuvre de carnage, de brigandage et de destruction commencée au quartier Chabanié, en coopérant fraternellement avec la foule forcenée des bachibozouks pillards et sanguinaires, et en leur prêtant, au besoin, main-forte.

D'après les renseignements dignes de foi qui nous sont parvenus, le Vali criminel a, aussitôt la boucherie commencée à Adana, donné télégraphiquement à tous les *Mutessarifs* et *Kaïmakams* de la province le signal du massacre en leur disant : « Les Arméniens *nous ont assaillis;* nous sommes en danger ; envoyez des *rédifs* (*) à notre secours et *prenez les mesures nécessaires pour protéger la vie des Turcs de vos parages* ».

Voilà les faits et les circonstances qui ont précédé et en quelque sorte préparé les tragiques événements d'Adana ; nous pensons qu'ils pourraient jeter quelque lumière sur le sombre et sanglant complot dont fut victime un peuple de trente mille innocents. En permettant de discerner les responsabilités, cet exposé de faits, qui n'a pas la prétention d'être complet, pourrait faciliter l'œuvre de la justice, **au cas où il y aurait une justice** pour châtier les coupables et réparer l'irréparable malheur dont les Arméniens furent si injustement frappés.

____

(*) Soldats de la réserve.

V

Lorsque furent consommées l'extermination et la ruine de l'élément arménien en Cilicie, les coupables, c'est-à-dire tous les hauts fonctionnaires et tous les notables turcs de la province d'Adana, entreprirent aussitôt de se laver les mains du sang de leurs victimes ; avec une audace et une effronterie sans pareilles, que leur eût enviées leur maître à tous, le Grand Assassin lui-même, ils s'efforcèrent de se décharger des formidables responsabilités qui pèsent sur eux en les rejetant sur leurs victimes, sur les pauvres morts et les malheureux survivants, afin, sans doute, de clore les scènes lugubres de la sanglante tragédie par une comédie cynique et odieuse.

Mais les efforts désespérés de ces criminels ne pourront apporter aucune preuve à l'appui de leur thèse insoutenable et monstrueuse ; ils serviront tout au contraire à convaincre encore une fois le monde civilisé que *l'Administration de la Turquie « Constitutionnelle » et le peuple musulman de l'Empire sont absolument réfractaires au nouvel ordre de choses,* et que les procédés administratifs de l'ancien régime, que l'infernale politique hamidienne sont encore en honneur et en vigueur sous un Gouvernement qui se dit constitutionnel.

S'il n'en était pas ainsi, le Gouvernement turc serait, à l'heure qu'il est, profondément convaincu que le peuple arménien qui a salué avec tant de sympathie et d'enthousiasme la proclamation de la Constitution Ottomane, pour la défense et la sauvegarde de laquelle il était et est prêt encore à s'imposer tous les sacrifices, ne nourrit aucune visée séparatiste, aucun projet d'indépendance nationale, aucune idée subversive pouvant nuire à l'intégrité de l'Empire Ottoman. Il saurait que les Arméniens constituent l'élément le plus fidèle et le plus dévoué au Régime Constitutionnel, et ne mettrait pas en doute leur sincérité et leur loyalisme d'Ottomans.

Il saurait que la population arménienne de la Cilicie, en tant que partie importante de la nation arménienne, n'aspirait qu'à travailler dans la paix à l'amélioration de sa condition économique et sociale, et à se rendre utile à la patrie ottomane par son activité intelligente, industrieuse et probe. Les autorités turques du vilayet d'Adana et les criminels qu'elles protègent officiellement, auraient évité, s'ils avaient un peu plus de bon sens et moins de cynisme, de se couvrir de ridicule en inventant la fable inepte d'une révolte à main armée des Arméniens, tendant à la reconstitution de leur ancien royaume de Cilicie !!! Ils auraient pensé qu'un peuple qui va s'insurger n'envoie pas aux champs les plus valides et aux écoles les plus frêles de ses fils, les offrant ainsi comme des proies faciles au yatagan des égorgeurs turcs; que surtout ce peuple ne choisirait pas, pour arborer l'étendard de la révolte, juste le moment où sa fortune mûrissait dans les campagnes et les vignes, et où, appelés par les travaux de la saison (*), plus de 80,000 ouvriers turcs et kurdes emplissaient la plaine d'Adana, augmentant ainsi prodigieusement le nombre, déjà formidable, de ses *ennemis*.

Quelques jours après le premier massacre, Ihsan Fikri publia dans son journal (N° 34) un article infâme, où les victimes et les martyrs étaient monstrueusement calomniés et odieusement outragés et qui était d'un bout à l'autre un appel violent à la reprise des massacres. Le sinistre folliculaire y disait en substance que les Arméniens, ayant perdu tout espoir de réaliser dans la grande Arménie leur rêve d'indépendance nationale, avaient tourné leurs yeux vers la Cilicie, où vivait une population arménienne relativement dense et prospère, et où il leur serait facile, vu la proximité du littoral méditerranéen, de provoquer par un mouvement insurrectionnel l'intervention libératrice des puissances européennes. Ils commencèrent donc, après la Constitution, à se concentrer en Cilicie, pour y travailler à la réalisation de leur grand projet.

Cette calomnie inepte par quoi on essaie d'attribuer aux Arméniens de Cilicie des visées séparatistes pour pouvoir rejeter sur eux la responsabilité des massacres d'Adana, constitue l'aveu involontaire et naïf que c'est *le Gouvernement lui-même qui les avait organisés*. Ihsan Fikri veut dire en effet que c'était pour empêcher les Arméniens d'Adana de mettre à exécution leurs desseins séparatistes, en rendant impossible toute tentative d'insurrection de leur part, que le Gouvernement jugea nécessaire de les faire massacrer en masse par son fidèle peuple turc. (**)

(*) C'était l'époque des moissons et du sarclage du coton.

(**) Nous ne pouvons déterminer dès à présent la part de responsabilité qui revient au Comité « Union et Progrès » dans les sanglants événements d'Adana. Une enquête sérieuse et sévère pourrait seule faire la lumière sur ce point obscur.

Nous sommes donc en droit de penser que le Gouvernement Constitutionnel a, pour de *secrètes raisons* de politique intérieure, participé au monstrueux crime collectif que nous aurions voulu attribuer uniquement au fanatisme musulman, aux excitations d'Abdul-Hamid, de ses partisans et de ses émissaires, ainsi qu'aux menées scélérates du Vali, du Commandant militaire d'Adana, du Gouverneur de Djébel-Béréket et de tous les fonctionnaires et notables réactionnaires du vilayet.

Cette odieuse accusation, qui a été fabriquée de toutes pièces, et *après coup,* pour l'impossible justification des massacreurs et de leurs protecteurs officiels, est-il besoin d'en montrer l'inanité, l'absolue fausseté, et le caractère tendancieux et machiavélique ?

Que n'a-t-on parlé plus tôt des préparatifs de révolte des Arméniens, de leurs visées séparatistes, de leur rêve d'indépendance? Pourquoi a-t-on attendu cette formidable explosion de fanatisme sanguinaire pour venir nous servir à nouveau le vieux *cliché hamidien,* avec lequel nous croyions en avoir fini pour toujours ?

Est-ce parce que les Arméniens songeaient à s'insurger pour reconquérir leur indépendance qu'au mois d'octobre 1908, en Cilicie et sur tous les points de l'Empire, les Turcs s'apprêtaient à massacrer les Giaours; qu'une Saint-Barthélemy générale des Chrétiens était préparée pour le 14 avril (*) dans Constantinople, Smyrne, Brousse, Ismidt et dans toutes les villes du littoral de la Mer Noire et de la Méditerranée, qui ne durent leur salut miraculeux qu'à la marche triomphante de l'Armée libératrice sur Constantinople ?

Est-ce parce que les Arméniens nourrissaient des projets séparatistes qu'Ihsan Fikri prononça devant la foule fanatique à Adana un discours violent contre la Constitution et les Chrétiens, et que les massacreurs et les égorgeurs commencèrent le carnage aux cris répétés de : « vive Abdul Hamid ! », et « à bas la Constitution ! ». (**)

C'est un fait que les Arméniens s'armèrent *individuellement,* mais ils ne s'y résolurent que quand ils virent que le gouvernement encourageait sous main les Turcs à s'armer, que la poudre envoyée de

---

(*) On sait que c'est le 13 avril qu'eut lieu le soulèvement militaire et réactionnaire de Constantinople.

(**) Voici ce que raconte à ce propos un voyageur européen, Mr Joseph Beni: « Des paysans armés en grand nombre assaillirent notre train. Ils entrèrent dans les wagons et allumant des lampes, se mirent à dévisager attentivement les voyageurs, pour voir s'il ne se trouvait pas des Arméniens parmi eux. Ils crièrent à la fin : « vive le Sultan Hamid ! » et déclarèrent que ce dernier leur avait ordonné de se rendre à Tarsous et de là à Adana pour égorger tous les Arméniens qui s'y trouvaient. » (Journal *Jamanak,* N° 178,)

Constantinople (*) se vendait exclusivement aux Musulmans ; quand ils virent que les luttes et les dissensions des partis politiques préparaient le terrain au mouvement réactionnaire et que les *hodjas,* les *softas* et les *imans,* ayant fondé la ligue religieuse de l'*Ittihadi-Mohamédié,* conspiraient, au nom du Chériat, contre la Constitution et les constitutionnels.

Mais ils ne s'armèrent que d'une façon tout à fait défectueuse et insuffisante (le nombre effroyable des victimes et celui, minime, des *assassins tués* le prouve surabondamment, hélas !), d'abord parce que leurs moyens ne leur permettaient pas un plus grand effort, et ensuite et surtout parce qu'ils avaient une grande confiance en l'énergie et la *sincérité* du Gouvernement Constitutionnel....

Mais le Gouvernement qui cherche parmi les Arméniens, c'est-à dire parmi les victimes, des coupables imaginaires, ne semble nullement disposé à inquiéter ceux qui sont les véritables auteurs et instigateurs du monstrueux crime de lèse-humanité qui coûta la vie à **trente mille innocents** et causa la ruine d'un pays fertile et prospère.

Les lecteurs de ce mémoire connaissent déjà suffisamment les principaux coupables, à la tête desquels se trouvent l'ex-Vali, Djévad Bey et le Commandant des troupes, Férik Remzi Pacha.

C'est sur eux que pèse, en effet, la plus grande responsabilité, *car ils auraient pu, s'ils l'avaient voulu* (**) réprimer les troubles dès le principe, en faisant charger et disperser par leurs soldats les bandes de *bachibozouks* assemblées au Kétchédjiler et au quartier arménien de Chabanié. Non seulement ils ne le firent pas, mais envoyèrent des troupes assiéger et attaquer le dit quartier et prêter leur concours aux égorgeurs et aux incendiaires.

Sous prétexte de renforcer la garnison d'Adana, ils appelerèrent sous les armes des classes de *rédifs* (réservistes) recrutés parmi la canaille des environs et même de la ville, et leur distribuèrent des armes et des munitions pour les mettre en mesure de participer efficacement au carnage et au pillage, concurremment avec les *bachibozouks* et les troupes régulières.

Ils donnèrent télégraphiquement le signal du massacre aux gouver-

---

(*) L'Etat s'est réservé le monopole de la fabrication et de la vente de la poudre en Turquie.

(**) Nous n'en voulons pour preuves que les deux faits suivants :

Le Vali et le Commandant *purent* protéger aisément contre la foule des pillards et des incendiaires *les demeures et les établissements des Européens, en préposant à leur garde quelques soldats seulement.* Le Vali et le Commandant *purent,* après trois jours de carnage ininterrompu, faire cesser la tuerie et rétablir l'ordre, et cela avec *les forces militaires dont ils disposaient* et qui étaient plus que suffisantes pour réprimer les troubles dès le commencement.

neurs et commandants militaires placés sous leur autorité; ils dénaturè-
rent sciemment les faits, altérèrent la vérité dans leurs dépêches et
communiqués officiels au Gouvernement Central et empêchèrent les
chefs spirituels des Communautés chrétiennes de mettre leurs Patriarcats respectifs au fait des graves événements qui se passaient à Adana.
Ils permirent aux journalistes Ihsan Fikri et Ismayil-Séfa, *immédiatement après le premier massacre et alors que la ville se trouvait en état
de siège,* de raviver par leurs écrits violents et incendiaires le feu mal
éteint des passions fanatiques et sanguinaires de la populace musulmane.
Après avoir mis fin aux troubles et rétabli momentanément le calme
— calme illusoire et trompeur, simple entr'acte — ils enlevèrent aux
Arméniens leurs armes — leurs seuls moyens de défense, — et ayant
ainsi rendu aisée la tâche des assassins, donnèrent le signal du second
massacre, qui fut plus violent, plus sauvage que le premier.

Sont également responsables des atrocités commises tous les fonctionnaires et notables réactionnaires du vilayet, ainsi que les journalistes
Ihsan Fikri, Ismayil Sefa et les autres membres de l'*Ittihad,* qui ne
cessèrent d'exciter, par leurs discours, leurs écrits et leurs actes, les
instincts et les appétits sanguinaires de la populace fanatique et naturellement malfaisante. Parmi les grands coupables, il faut citer encore
le Gouverneur de Djébel-Béréket, le nommé Assaf Essad Bey, qui fut
secondé dans son œuvre criminelle par ses fidèles subordonnés. C'est
lui qui excita la population turque d'Erzine, lui fit distribuer des armes
et la conduisit lui-même à l'assaut de Deurt-Yol. C'est lui qui fit ouvrir
toutes grandes les portes de la prison de Payas, et après avoir fait
passer au fil de l'épée tous les prisonniers arméniens, fit mettre en liberté
les 5 ou 600 meurtriers et criminels qui s'y trouvaient, et qui, obéissant
à ses instigations, allèrent massacrer les Arméniens des localités
voisines. (*)

Le rôle criminel joué par les autorités locales dans le sanglant
drame d'Adana, leur participation officielle au crime collectif perpétré
par le peuple musulman du vilayet, sont d'ailleurs nettement et définitivement établis par les témoignages irrécusables des **témoins oculaires étrangers,** dont personne ne mettra en doute la sincérité et
l'impartialité.

Nous ne croyons pas inutile de citer quelques-uns de ces témoignages, *récits véridiques de choses vues et vécues,* où nos lecteurs trou-
veront la justification et comme la tragique illustration des assertions
contenues dans ce Mémoire.

(*) Il y a de nombreux autres coupables, et non des moindres, en dehors de ceux que
nous venons de nommer; nous les avons désignés un à un dans l'édition arménienne de
notre plaquette,

Mme Caroline Furet, une Française établie à Adana, écrit au journal
Le Matin, en date du 20 avril 1909 :

« Notre Adana (Turquie d'Asie), ville très calme, vient
« d'être, pendant une semaine et surtout pendant trois jours,
« du 14 au 16 avril, le théâtre des plus atroces scènes de
« massacre, de pillage, d'incendie et d'autres drames intra-
« duisibles.

« L'aspect est horrible ; les magasins, les bazars ne pré-
« sentent plus que des ruines sanglantes, car le meurtre, avec
« des raffinements inouïs, accompagnait les horreurs de l'at-
« taque. Plus de *huit mille* morts, sans compter les corps jetés
« au fleuve. Non seulement la ville est saccagée, mais ses
« environs, ses vignes, ses fermes et même, plus loin, le dé-
« partement entier, ont souffert et ont été dévastés dans les
« régions occupées par les familles arméniennes. On compte
« plus de 20.000 victimes dans le département (vilayet) entier.

« Et qu'avaient fait les victimes de ces actes de barbarie
« incroyables à entendre et affreux à se rappeler ? Ils avaient
« osé, eux, les Arméniens, se défendre contre des bandes de
« *bachibozouks turcs* (les pillards), lancées sur eux par des en-
« nemis farouches et implacables !...

« Les récoltes sont perdues ! Ceux qui restent et qui ne
« peuvent émigrer, par devoir ou manque d'argent, courent
« encore des dangers. Et qui sait ce qui peut arriver; car le
« *Gouverneur de la ville n'a aucune énergie. Il aurait pu, dès le*
« *principe, arrêter le massacre qui eut pour prétexte un fait mal-*
« *heureux, il est vrai, mais ressortant tout simplement des tribunaux :*
« *le meurtre de deux Turcs par un Arménien.* »

Un Anglais, témoin oculaire, écrit à un journal de Londres :

« Nombre d'Arméniens, profitant de la libre importation
« des armes de toutes sortes, et justement alarmés par les
« nouvelles fâcheuses qui parvenaient de la capitale, s'étaient
« procuré des armes par simple mesure de précaution. Un de
« ces Arméniens, se trouvant en état de légitime défense, tua
« dernièrement deux Musulmans qui voulaient assouvir sur lui
« leurs instincts bestiaux. Ce meurtre fut le signal d'un mas-
« sacre général des Arméniens du vilayet..... On eut beau

« attirer l'attention du Vali sur la gravité des faits qui se
« préparaient ; il ne fit rien pour les prévenir et pendant tout
« le temps que durèrent les troubles, il fit preuve d'une inertie,
« d'une veulerie incroyable. Les soldats eux-mêmes prirent
« part au massacre et au pillage et se rendirent coupables
« d'actes de cruauté et de barbarie tellement horribles que la
« plume se refuse à les décrire. »

Voici un fragment d'une correspondance adressée par le Rev. Herbert
Adams Gibbons, missionnaire américain, au *New York Hérald* de Paris :

« ... Nous appelâmes l'attention du Vali sur l'extrême gra-
« vité de la situation. Il nous répondit qu'il était impuissant
« à faire quoi que ce soit, et que lui-même craignait pour sa
« vie. Il ne fit rien pour nous protéger. D'innombrables Musul-
« mans affluèrent à Adana des campagnes environnantes, et
« le Vali, malgré nos vives protestations, fit distribuer à ce
« ramassis de bandits des armes et des munitions, disant *que*
« *c'étaient des rédifs*... »

Un autre missionnaire américain, le Rev. Stephen R. Trowbridge,
rapporte ce qui suit :

« Un effroyable incendie dévore et détruit le quartier
« arménien... Les Turcs semblent avoir résolu d'exterminer
« la population arménienne. L'attitude des autorités turques
« est tout simplement scandaleuse et révoltante... Un seul
« homme est responsable des sanglantes horreurs dont notre
« ville est actuellement le théâtre ; cet homme, c'est le Vali,
« qui *pouvait* réprimer les troubles et faire cesser le carnage,
« mais qui, *de propos délibéré et volontairement, s'abstint d'inter-*
« *venir*. »

Du *Neue Freie Presse* de Vienne :

« D'après un rapport consulaire, les autorités turques
« d'Adana somment, avec force menaces, l'Archevêché et les
« notables arméniens de la ville de déclarer par écrit que ce
« sont les Comités révolutionnaires arméniens qui, par leurs
« agissements, ont provoqué les massacres...
« Il est maintenant hors de doute que les fonctionnaires

« civils et militaires d'Adana sont pleinement responsables des
« massacres, soit pour les avoir préparés de concert avec les
« réactionnaires turcs, soit pour les avoir tolérés, et en avoir
« favorisé l'extension par leur coupable inertie confinant à la
« complicité. »

Du *Standard* :

« Les rapports officiels parvenus en Angleterre disent la
« violence, la sauvagerie inouïe des massacres dont la ville
« d'Adana vient d'être une seconde fois le théâtre. Les Turcs
« crient partout : « la Turquie aux Turcs ; mort aux Giaours ! »
« Les deux bataillons envoyés à Adana après le rétablissement
« de l'ordre recommencèrent eux-mêmes le carnage, égorgeant,
« pillant et incendiant avec une fureur sauvage. »

Du journal arménien *Puzantion* (N° 3842) :

« Le Frère Marc, missionnaire jésuite, professeur au
« Collège Saint-Paul d'Adana — aujourd'hui incendié -- qui se
« trouve actuellement à Constantinople, a déclaré dans un
« entretien *que les massacres d'Adana étaient préparés de longue*
« *main et qu'ils étaient la parfaite exécution d'un plan criminel arrêté*
« *d'avance dans toutes ses lignes....*
« Il a dit encore que l'extension des troubles est due à
« l'incapacité du Vali, et même à *sa complicité....*
« Le massacre, le pillage et l'incendie commencèrent le
« mercredi 14 avril et se poursuivirent jusqu'au vendredi
« suivant ; le lendemain, samedi, l'apaisement se fit. La
« police perquisionna chez les Arméniens, confisqua leurs
« armes. Les massacres reprirent le dimanche 25 avril, après
« une vive fusillade dirigée contre l'École Arménienne. Les
« Arméniens ne firent cette fois aucune tentative de résistance,
« parce qu'ils étaient tous désarmés et que les troupes *parti-*
« *cipèrent cette fois* à la tuerie et au pillage. Les incendies con-
« tinuèrent pendant deux jours et deux nuits. Ce qui, d'après
« le missionnaire jésuite, prouve *la préméditation,* c'est que :
« 1° Quelques jours avant les massacres, *on* avait écrit à la
« craie sur les boutiques et les demeures des Musulmans,
« le mot : *Islam,* ce qui fit qu'elles échappèrent toutes au
« pillage et à l'incendie ; 2° avant la reprise des massacres,

« on vit accourir en grand nombre à Adana, de tous les
« villages voisins, des *fellahs* nomades, qui prirent une attitude
« ouvertement hostile et menaçante à l'égard des Chrétiens ;
« 3° dans les rues, les *Imans* prêchaient publiquement la
« "guerre sainte" contre les *Giaours,* excitant la populace par
« leurs discours haineux et violents ; 4° le lendemain du jour
« où les massacres recommencèrent, la populace et les troupes
« abattirent à coups de hache, sur l'esplanade du Gouvernorat,
« l'arc de triomphe élevé l'année précédente en l'honneur de
« la Constitution, ponctuant chaque coup de hache et saluant
« chaque écroulement par des cris sauvages et unanimes de :
« "vive le Sultan !" et "à bas la Constitution !" Pendant ce
« temps, du haut du balcon du Konak, le Vali souriait, visible-
« ment satisfait de ce qu'il voyait... »

D'une lettre que l'admirable femme de l'admirable Consul anglais
de Mersine, dont on connaît la conduite héroïque et le sublime dévouement pendant les massacres, a adressée à une de ses amies d'Angleterre et qui a été publiée dans le *Daily Mail,* nous détachons les
passages suivants :

« Après que Turcs et Arméniens eurent fait la paix, et que
« ces derniers eurent consigné leurs armes au Gouvernement,
« les Turcs se rendirent nuitamment au quartier arménien
« et y mirent le feu. Le lendemain, ils incendièrent le Collège
« des Jésuites et l'Ecole Arménienne. Les Arméniens qui se
« trouvaient dans ce dernier Etablissement périrent jusqu'au
« dernier, car ceux qui échappaient aux flammes tombaient
« sous les *balles des soldats....* Toute l'activité des autorités
« turques consiste à arrêter de pauvres Arméniens innocents
« et à les torturer jusqu'à ce qu'elles réussissent à leur arra-
« cher des aveux de crimes imaginaires, inexistants. Les
« blessés même sont en butte à leurs vexations. Hier, on en
« conduisit un en prison ; quel sort lui réserve-t-on ? je n'ose
« y songer.... Si vous voulez me livrer à des diables incarnés,
« livrez-moi aux Turcs... Ils n'épargnent personne. Ils égor-
« gent les enfants devant leurs mères, violent les femmes devant
« leurs maris, les filles devant leurs parents, avant d'éventrer
« les uns et les autres... Et ensuite ils déclarent que *c'est la*
« *faute aux Arméniens,* parce qu'ils ont un Comité révolution-

« naire composé de 60 membres (!) qui fait énormément de
« bruit et pas de besogne du tout. Le massacre est, à ce qu'il
« paraît, le grand moyen que les Turcs emploient pour réprimer
« un mouvement insurrectionnel !!...

« Nous arrivâmes à Adana le 14 avril, premier jour des
« massacres. ..... Le lendemain, j'assistai à des scènes plus
« horribles encore, à des crimes plus monstrueux... Le quartier
« arménien, voisin de l'endroit où nous étions, fut assailli par
« des *soldats* arabes et complètement détruit. ..... Les autorités
« ne faisaient absolument rien pour arrêter le carnage et le
« feu et les soldats faisaient plus de mal encore que les *bachi-*
« *bozouks, parce qu'ils étaient mieux armés.* Une des maisons de
« notre quartier devint la proie des flammes avec les 115 Armé-
« niens qu'elle abritait. Nous comptâmes les cadavres. *Les soldats*
« tiraient par la porte sur les malheureux qui essayaient de
« s'échapper. La maison était remplie de vieillards, de femmes
« et d'enfants en bas âge qui furent brûlés vifs jusqu'au dernier. »

« Du 16 au 25 avril, écrit le Père Benoît, malgré les
« promesses de paix faites par les Musulmans, les Chrétiens
« nous supplièrent de les garder encore.

« — Nous ne pouvons pas nous fier aux Turcs, nous disaient-
« ils ; ils nous ont si souvent trompés !

« Ces appréhensions n'étaient pas sans fondement. *Pour*
« *des causes inconnues,* on empêchait les Arméniens de quitter
« la ville ; on perquisitionnait dans leurs demeures restées
« debout ; on enlevait soigneusement leurs armes. Dans les
« mosquées, les *Imans* excitaient la populace... Le journal *Ittidal*
« était redevenu menaçant pour les Arméniens... » (*)

____

(*) Les lignes qu'on vient de lire sont empruntées à une plaquette intitulée : *Les Mas-*
sacres d'Adana et publiée récemment à Lyon par les soins de la Compagnie de Jésus. Nous
ne saurions trop recommander aux Européens qui s'intéressent aux « choses de Turquie »
la lecture de cette brochure, qui est rédigée d'après des lettres et des rapports de témoins
oculaires, et où sont racontées au jour le jour, en des pages frémissantes et pantelantes
d'horreur, toutes mouillées de larmes et de sang, les scènes infernales de l'horrible tragédie
dont la Cilicie fut le vaste et grandiose théâtre. Pasteur infortuné d'un peuple plus infortuné encore — victime, de par la volonté criminelle d'un peuple barbare, du plus tragique
des sorts humains — nous saisissons cette occasion pour dire combien fut admirable, en ces
tragiques conjonctures, la conduite des Missionnaires Jésuites et des Sœurs de Saint-Joseph,
dont les courageux efforts, le dévouement et la charité chrétienne sauvèrent d'une mort

atroce et certaine des milliers et des milliers de créatures humaines. Qu'ils reçoivent ici le tribut de *notre* reconnaissance émue et douloureuse pour l'aide, l'assistance et la protection que pendant toute la durée des massacres, ils ne cessèrent de prodiguer à nos infortunées ouailles, dispersées par un vent de mort, de terreur et de désastre.

Mais tout en les remerciant, en notre propre nom et au nom de notre peuple martyrisé et crucifié, d'avoir mis sous les yeux du monde civilisé le tableau tragique, couleur de sang et de feu, des *vêpres ciliciennes*, nous ne saurions laisser passer, sans le relever et le rectifier, un passage qui nous concerne dans leur plaquette et qui contient l'affirmation d'un fait absolument inexact.

Nous lisons en effet ceci à la page 12 de la plaquette en question :

« Le Gouverneur réclama vainement l'Arménien qui s'était enfui. La police perquisitionna chez des Chrétiens et enleva des armes. *L'Évêque arménien abandonna subitement la ville et son troupeau.* »

Bien que nous ne doutions pas que la bonne foi des Révérends Pères Jésuites n'ait été surprise par des renseignements hâtifs, fondés sur de simples « on dit », nous ne pouvons cependant ne pas exprimer notre douloureux étonnement de ce que les auteurs de la plaquette aient accueilli sans contrôle un bruit de cette nature, qui, s'il était fondé, suffirait à nous déshonorer aux yeux non seulement de notre peuple, mais du monde civilisé tout entier, puisqu'il ne tend à rien moins qu'à nous présenter comme un pasteur indigne de ce nom, indigne de son troupeau. Notre étonnement est d'autant plus grand qu'il était extrêmement facile aux auteurs de la brochure de se renseigner à bonne source, nous voulons dire *auprès des correspondants qu'ils avaient sur le théâtre même des massacres.*

Ainsi qu'il est dit à la page 27 de ce mémoire, nous quittâmes Adana le 4/17 mars 1909, *soit 27 jours avant les massacres*, muni du passeport officiel du Gouvernement turc, visé le 3/16 mars, sub Nº 4. Nous nous embarquâmes sur le vapeur *Saïdié* de la « Khédivial Mail » et arrivâmes à Alexandrie le 11/24 mars. Ayant rempli la mission dont nous avait chargé le *Conseil Civil de la Communauté Arménienne d'Adana*, nous nous préparions à rentrer dans notre diocèse quand arriva en Égypte la première dépêche annonçant les sanglants prodromes de la sanglante tragédie. *Elle ne parlait que d'une soixantaine de morts.* Nous hâtâmes notre départ et le 4/17 avril 1909 nous partîmes d'Alexandrie à bord du bateau *Kosseir* de la même compagnie, mais les autorités turques de Jaffa, de Beyrouth, d'Alexandrette et de Mersine *s'opposèrent formellement à notre débarquement*, ce qui nous contraignit à retourner en Égypte, la mort dans l'âme.

Ces faits sont de *notoriété publique*, car les journaux d'Égypte, tant arméniens que français, ainsi que la presse de Constantinople, s'en firent l'écho à l'époque.

D'ailleurs, les personnes qui nous connaissent de près, et nous pensons que de ce nombre sont les Missionnaires Jésuites résidant à Adana, savent très bien que nous ne craignons pas la mort et que loin d'abandonner notre troupeau au moment du danger, nous n'aurions pas hésité, si nous nous étions trouvé à Adana lorsque les troubles éclatèrent, à faire l'entier sacrifice de notre personne pour défendre la vie de nos ouailles.

LES MASSACRES D'ADANA

ET LE

GOUVERNEMENT DES JEUNES-TURCS

LES MASSACRES D'ADANA

ET LE

GOUVERNEMENT DES JEUNES-TURCS

U moment de rédiger notre mémoire, nous pensions qu'Abdul Hamid, qui avait préparé le mouvement réactionnaire dans le but de supprimer la Constitution, était seul responsable des épouvantables massacres de Cilicie. Et quoique les membres du Comité «Union et Progrès» d'Adana — coiffés du turban blanc, insigne du Chériat - eussent pris part aux tueries, nous ne voulions cependant pas croire que les Comités dirigeants de Constantinople et de Salonique avaient une part de responsabilité dans cette œuvre de sang, de pillage et d'incendie. Un pareil fait eût dénoué le lien de fraternité qui se formait entre les divers éléments de la Turquie Constitutionnelle, et, du coup, tué dans le cœur des Chrétiens — des Arméniens surtout — tout espoir en la régénération de la Turquie.

Toutefois, certaines apparences firent naître dans notre esprit des doutes sérieux et nous inclinèrent, dès le début, à envisager comme une hypothèse la participation que le Comité pouvait avoir eue dans le monstrueux crime collectif commis en Cilicie.

Depuis, les apparences ont pris corps, les doutes sont devenus des convictions. La mort dans l'âme, nous avons dû nous rendre à l'évidence.

Trois hauts fonctionnaires (Adil Bey, sous-secrétaire d'État au Ministère de l'Intérieur, Djévad Bey, ex-gouverneur général d'Adana et Assaf Essad Effendi, ex-gouverneur de Djebel-Béréket), en transmettant des dépêches qui dénaturaient et falsifiaient la vérité, ont joué un rôle particulièrement ignoble dans cette tragique affaire ; ils ont donné le signal des massacres.

Au matin du 14 avril, les Turcs préparaient ouvertement la boucherie. Emus de cette situation, les drogmans des Consulats se présentèrent, en corps, au Gouverneur général, attirèrent son attention sur

4

la gravité des événements qui se préparaient et insistèrent sur la nécessité d'y parer d'urgence. A ce moment, un commissaire de police entra chez le Gouverneur général et lui dit : « Excellence, deux Turcs « ont assassiné deux Arméniens près de Tarsous-Capou ; aidés par des « gendarmes, nous avons arrêté les assassins, mais la populace turque « nous a assaillis et les a délivrés. Cette populace ne nous obéit plus ; « veuillez mettre à notre disposition des soldats réguliers et nous « autoriser à charger en cas de besoin ».

Le Gouverneur général ne lui donna aucune instruction précise et, quittant le palais du Gouvernorat, se rendit à la Municipalité. Les drogmans se retirèrent sans avoir rien obtenu.

Là, dans le bâtiment même de la Municipalité, après avoir fait assassiner Mr Chaderikian, membre arménien du Comité « Union et Progrès », le Gouverneur général lança des dépêches aux gouverneurs et sous-gouverneurs placés sous ses ordres (voir page 35). Il donnait le signal des massacres.

Alors commença la série des télégrammes faux et arrêtés d'avance, qui furent échangés entre le Ministère de l'Intérieur, le Gouverneur général, les Gouverneurs et les Sous-Gouverneurs.

DÉPÊCHES DU GOUVERNEUR GÉNÉRAL (*)

Aux Gouverneurs et Sous-Gouverneurs :

> *Les Arméniens nous ont attaqués ; nous sommes en danger ; envoyez-nous des rédifs et protégez contre la populace arménienne les habitants turcs de votre circonscription.*

Au Ministère de l'Intérieur :

> *Les Arméniens nous ont attaqués ; le Gouvernorat est assiégé. Les Arméniens sont armés et massacrent les Turcs qui sont sans armes.*

DÉPÊCHE DU SOUS-GOUVERNEUR DE BOULANIK (Bahdjé)

Au Gouverneur général et au Gouverneur de Djebel-Béréket :

> *Les Arméniens de Hassan-Begli nous ont attaqués ; nous sommes en danger, secourez-nous.*

(*) Pendant que ces dépêches s'échangeaient, le bureau télégraphique refusait celles que les chefs spirituels des Communautés chrétiennes voulaient envoyer à Constantinople pour porter à la connaissance de leurs Patriarcats respectifs ce qui se passait à Adana et demander aide et protection.

DÉPÊCHES DU GOUVERNEUR DE DJEBEL-BÉRÉKET

Au Gouverneur général et au Ministère de l'Intérieur :

> *Les Arméniens de Deurt-Yol, armés de fusils Mauser et Martini, ont envahi le local du Gouvernement ; envoyez des renforts à notre secours.*

Au Gouverneur de Marache :

> *Les Arméniens de Zéitoun en révolte se préparent à nous attaquer ; nous vous prions de faire tout ce qui est en votre pouvoir pour empêcher leur marche en avant.*

Il n'y avait pas un mot de vrai dans ces dépêches ; les Arméniens d'Adana n'avaient pas plus assiégé le palais du Gouvernement que ceux de Hassan-Beyli et de Deurt-Yol n'avaient pris l'offensive contre les Turcs des localités voisines. Ils s'étaient tenus sur la défensive contre les Turcs qui attaquaient. Quant à ceux de Zéitoun, ils vaquaient à leurs occupations.

Cependant, par une naïveté artificieuse et voulue, Adil Bey a pris ces dépêches au tragique, si bien que, lorsque le 17 avril le *locum tenens* du Patriarcat arménien s'est présenté au Ministère de l'Intérieur pour avoir des détails sur les événements d'Adana et demander que des mesures énergiques fussent prises pour arrêter le massacre, Adil Bey a essayé de lui persuader que des Arméniens venus en grand nombre des plus lointains villages du *sandjak* avaient attaqué les villages turcs, que les Arméniens étaient armés alors que les Turcs n'avaient que des gourdins pour se défendre, que les Arméniens avaient assiégé le Gouvernorat de Djebel-Béréket même, d'où, le Gouverneur en détresse demandait continuellement des secours.

Cette comédie, que les Autorités Provinciales et le Gouvernement Central s'étaient mis d'accord pour jouer, et qui prouve que les massacres étaient prémédités, donna le résultat que ses acteurs en attendaient. En effet, alors qu'à Adana et dans ses environs les Arméniens étaient massacrés sans merci, alors que leurs villages étaient livrés au feu et au pillage, sur l'insistance d'Adil Bey, le *locum tenens* du Patriarcat arménien à Constantinople télégraphiait à notre Vicaire d'Adana *de faire cesser les massacres*. Ironie suprême !....

Adil Bey s'était assuré par cette dépêche le moyen de justifier plus tard sa conduite. Mais le télégramme du *locum tenens* était la conséquence d'une pression gouvernementale, et les dépêches officielles citées plus haut indiquent suffisamment que la responsabilité qu'on cherchait à rejeter sur les Arméniens incombait exclusivement aux fonctionnaires turcs.

Il était du devoir d'Adil Bey et du Gouvernement Central d'ordonner sans retard aux autorités provinciales la cessation immédiate des massacres, en leur disant quelle grande responsabilité ils encourraient s'ils ne mettaient fin aux troubles. En agissant ainsi, Adil Bey aurait fait le geste que devait faire un *Ottoman constitutionnel,* et par quoi il aurait pu dégager sa responsabilité et se justifier devant l'opinion publique. Mais Adil Bey préféra en faire un tout autre, en lançant aux autorités provinciales sa fameuse dépêche, conçue dans un esprit purement hamidien et disant en substance : « Ne touchez pas aux Européens ». Le meurtre des non-Européens, des Arméniens c'est-à-dire, était donc permis !

Formés à l'école du grand Assassin, comprenant très bien *ce que les mots veulent dire,* les fonctionnaires se conformèrent naturellement à l'esprit des instructions ministérielles en encourageant et en poussant les massacreurs à reprendre, après une trêve de neuf jours, et à parfaire l'œuvre de sang et de feu que, devant la résistance désespérée d'une poignée de vaillants Arméniens, ils avaient été contraints de laisser inachevée.

Les Vêpres Ciliciennes offraient aux Jeunes-Turcs une occasion suprême, quoique sanglante, de prouver leur équité et leur impartialité. Ils ne surent ou ne voulurent pas en profiter, et trahirent, une fois encore, le chauvinisme passionné qui les anime et dont s'inspirent tous leurs actes.

Le chauvinisme turc, d'ailleurs, n'est pas né d'hier. Il date de l'époque où le *Mecheveret,* organe du parti jeune-turc, faisait l'apologie des épouvantables massacres dont les Arméniens furent victimes en 1895 et 1896.

Mais après le rétablissement de la Constitution Ottomane, nous pensions que les Jeunes-Turcs, guidés par un sens exact des véritables intérêts de la patrie, comprendraient qu'une politique étroitement nationaliste mènerait le pays à sa ruine, et chercheraient dans l'égalité, la concorde et la fraternité des races *ottomanes* le salut et le progrès de l'Empire.

Lorsque les Jeunes-Turcs arrivèrent au pouvoir, les Chrétiens se bercèrent un moment de l'espoir que le principe fondamental de l'égalité de tous les peuples ottomans serait fidèlement respecté et intégralement appliqué par les nouveaux gouvernants.

Mais un beau jour, Hussein Djahid, le jeune et bouillant porte-parole du parti, souleva malencontreusement dans son journal *Le Tanine,* la question venimeuse de « *race dominante* » (les Turcs) et de « *races dominées* » (les Chrétiens), et donna à entendre aux Chrétiens désabusés et désillusionnés qu'ils devaient bon gré mal gré accepter et subir *l'hégémonie de l'élément turc,* et que l'égalité des races, solennellement proclamée par la Constitution, n'était qu'un grand mot dont eux, les Jeunes-Turcs, n'entendaient pas faire une réalité. Le chauvinisme turc sonnait le glas lugubre de la fraternité et de l'égalité naissantes des races, le glas de toutes les belles espérances que la Constitution avait fait naître dans le cœur des Chrétiens, trop longtemps opprimés et persécutés au nom et pour l'amour de ce même principe inhumain de *l'hégémonie de la race dominante.*

Lorsque, par l'entrée à Constantinople de l'armée victorieuse de Chevket Pacha, le Comité reconquit le pouvoir, il ne put ou ne voulut pas, pendant quelque temps, s'occuper de la tragique situation de la Cilicie qui, là-bas, payait du meilleur de son sang la rançon de la Constitution.

Les journaux turcs furent unanimes à déplorer les atrocités d'Adana et à en attribuer la monstrueuse paternité à Abdul Hamid. Cette attitude de la presse jeune-turque autorisait les Arméniens à penser que la sympathie de la *minorité influente* des Turcs leur était acquise en cette tragique occurrence et que le Gouvernement constitutionnel régenté par elle ferait son devoir en châtiant sévèrement les coupables et en indemnisant les victimes.

Voici, à titre documentaire, quelques extraits de la presse turque de l'époque :

Du *Tanine.* — « Abdul Hamid a voulu faire servir à ses
« fins l'association des Fédakiaran, le parti de Mevlanzadé,
« celui de l'*Ahrar* ainsi que l'*Ittihadi Mouhamédié,* et, aussitôt
« qu'il a jugé que le moment propice était venu pour agir, il a
« donné l'ordre des massacres. Grâce à l'armée, la Constitution
« fut sauvée ; mais les pauvres Arméniens du vilayet d'Adana
« furent les victimes de cette monstrueuse machination. »

Du *Serveti-Funoun.* — « La tuerie d'Adana est l'œuvre des
« réactionnaires, et le Gouvernement local *est responsable de*
« *l'incendie* qu'il n'a pas empêché. »

Discours prononcé à Tarsous par un officier turc, membre du Comité. — « C'est le monstre Abdul Hamid qui est l'auteur et
« l'instigateur de ces massacres ; mais je suis heureux de vous
« annoncer qu'à l'heure qu'il est ce brigand est détrôné. C'est
« cet assassin qui semait la haine et la discorde entre les divers
« éléments de la nation ottomane. Le sort des Arméniens
« d'Adana est maintenant confié à la Commission d'enquête
« envoyée de Constantinople. Si les individus suspects sont

« soumis à une enquête sévère et impartiale, je suis sûr que
« la parfaite innocence des Arméniens ne tardera pas à être
« reconnue. »

Le 24 mai, à la 78e séance de la Chambre, le Grand-Vizir Hussein Hilmi Pacha, développant le programme du Cabinet, fit la déclaration suivante :

« Les troubles qui ont eu lieu à Adana le lendemain même
« des tristes événements de Constantinople ont la même origine.
« Ils ont produit une grande et douloureuse émotion dans le
« pays. Les criminels, quels qu'ils soient, seront châtiés d'une
« manière exemplaire. »

Mais à ces belles paroles, à ces nobles déclarations, fut loin de correspondre la conduite du parti victorieux qui gouverne actuellement la Turquie. L'ardent chauvinisme dont il est animé l'empêcha probablement de punir les criminels qui étaient *musulmans* et de faire justice aux innocents, qui étaient *chrétiens*.

Comment d'ailleurs pouvait-il regretter sincèrement des tueries qui avaient pour effet d'affaiblir et d'épuiser l'élément arménien au profit de l'élément turc, lequel s'enrichissait de ce que l'autre perdait?...

Et puis, en s'abstenant de sévir contre des Musulmans coupables seulement d'avoir massacré des Chrétiens, le Comité ne renforçait il pas son pouvoir et son empire sur les masses musulmanes, dont il s'assurait ainsi la sympathie, la gratitude et le dévouement?

Le Comité songeait avant tout aux moyens d'assurer son existence et sa domination, et n'avait probablement cure d'aucune autre chose....

Il n'y a pas longtemps, un membre en voyage du Comité de Salonique disait à un Européen, professeur de français à l'École Arménienne au Caire :

« En Turquie, les peuples qui nous inspirent le plus de
« confiance sont les Arméniens et les Israélites ; nous ne pouvons
« pas nous fier aux Grecs et aux Bulgares, qui ont en Macé-
« doine et ailleurs des intérêts diamétralement opposés aux
« intérêts de notre patrie. Cependant, tout en étant convaincus
« que les Arméniens n'ont pas de tendances séparatistes et qu'ils
« sont définitivement acquis à la cause de la Constitution
« Ottomane, nous ne voulons pas qu'ils profitent de la Consti-
« tution au même titre et au même degré que nous ; le niveau
« intellectuel étant plus élevé et l'aptitude au progrès écono-

« mique plus accentuée chez eux qu'ils ne sont chez nous, il
« faut à tout prix que nous arrêtions pendant quelque temps
« leur essor afin de pouvoir les atteindre. »

Avec une petite variante, l'an dernier, Ahmed Riza avait fait la
même déclaration à un prince égyptien.

Fidèles, eux aussi, aux principes de la traditionnelle politique turque
qui a consisté de tout temps à diviser et à affaiblir les races chrétiennes
et à unir et fortifier les races musulmanes de l'Empire, et, probablement aussi, désireux de se réhabiliter aux yeux du peuple turc qui les
considérait à tort comme les ennemis du *Chériat* et de l'Islamisme,
les Jeunes-Turcs patronnèrent et couvrirent les égorgeurs d'Adana et
abandonnèrent les victimes à leur sort tragique. Ils pratiquèrent, une
fois de plus, la politique de deux poids et deux mesures qu'ils inaugu-
rèrent lors des élections législatives, quand d'un côté ils invalidaient
les députés Youssouf Chetvan et Niazi, de Diarbékir, pour les punir
d'avoir mouchardé des Jeunes-Turcs, et de l'autre, validaient impudem-
ment, malgré les protestations indignées et véhémentes des députés
chrétiens, l'élection de Pirindjdjizadé et de Nemlizadé, *principaux
organisateurs des massacres de Diarbékir et de Trébizonde* (1895 et
1896).

Voici maintenant les faits qui, d'après nous, établissent la complicité et la responsabilité du Gouvernement dans les tragiques événements d'Adana :

1° — La culpabilité de Djévad Bey, ex-Gouverneur général d'Adana,
est affirmée et attestée par tous les témoins oculaires, aussi bien par
les étrangers résidant à Adana que par les Consuls des puissances
européennes. Le Gouvernement ne l'inquiêta cependant pas; il se
contenta de le transférer à Constantinople, où la villégiature est douce
et agréable en été....

2° — Adil Bey, qui par sa dépêche de triste mémoire, joua un rôle
important dans le sanglant drame d'Adana, reste toujours à son poste
au Ministère de l'Intérieur, où il continue à jouir de la sympathie, de la
confiance et de la protection du Comité.

3° — Dans les derniers mois de 1908, une Commission d'enquête devait
être envoyée en Arménie; la présidence en fut confiée au Kurde Baban-
zadé Moustafa Zihni Pacha, ennemi juré des Arméniens. Le Patriarcat
de Constantinople protesta énergiquement contre ce choix. Lorsque
l'envoi de cette Commission fut ajourné *sine die*, le Gouvernement
envoya à Adana ce Kurde fanatique et arménophobe...

Inutile de dire que dans l'exercice de ses fonctions, ce Pacha a largement justifié la confiance que le Gouvernement avait placée en lui.

4° — Quelques bataillons détachés des 2e et 3e Corps d'Armées ont été envoyés à Adana pour y rétablir l'ordre. Ces deux Corps d'Armée personnifient le Comité et la Révolution turque ; d'autre part, les bataillons envoyés étaient *commandés par des officiers faisant partie du dit Comité.* Ces « soldats de la Constitution » déclarèrent, en prenant le train à Mersine, que si, en arrivant à Adana, ils constataient qu'il y avait aussi des Turcs parmi les victimes, ils savaient ce qu'il leur restait à faire...

En effet, le soir même (dimanche 25 avril) le deuxième massacre commençait sous les auspices et avec la participation de ces soldats. (*) Le Comité a nié le fait ; dans sa dépêche au Commissariat Ottoman en Egypte, Hussein Hilmi Pacha, Grand-Vizir, disait : « Les soldats des 2e et 3e Corps d'Armée ne sont pas capables de pareils méfaits ». Pourtant les Consuls des puissances étrangères, les Missionnaires américains, les Pères Jésuites, les correspondants de grands journaux européens et les drogmans des Consulats, qui, tous, avaient été témoins des faits, ont certifié que pendant le deuxième massacre les soldats ont fait plus de besogne que la populace, étant mieux armés qu'elle (**). Le Comité n'a pas voulu, malgré tous ces témoignages, ordonner une enquête, encore moins punir les soldats qui avaient fait œuvre d'assassins.

5° — Le Gouvernement envoya à Deurt-Yol quelques milliers de soldats « constitutionnels » avec 10 ou 12 canons. Le but avoué était de délivrer les Arméniens qui s'y défendaient depuis treize jours contre les attaques répétées des Turcs. Ce village arménien *fut bombardé* dans la nuit du 3 juin. Le Gouvernement déclara que ce bombardement était dû à une méprise, qu'il avait eu lieu à la faveur d'une grande confusion produite dans le camp par les actes de folie furieuse d'un soldat en état d'ivresse. La vérité était tout autre ; c'étaient *les officiers eux-mêmes* qui avaient préparé ce bombardement. En voici les preuves :

(*) La reprise des massacres eut lieu après qu'on eut désarmé les Arméniens. Le journal turc *Itidal*, organe du Comité, avait d'ailleurs qualifié d'*armistice provisoire* la cessation des tueries. Les Turcs qui habitaient dans les quartiers arméniens se retirèrent dans les quartiers turcs et y transportèrent leurs meubles. Ces détails prouvent que le second massacre était également prémédité.

(**) Un soldat turc, dans une lettre en date à Mersine du 20 mai, adressée à ses parents, écrit : « Nous sommes partis d'Andrinople il y a quarante jours, nous nous sommes rendus « à Gallipoli, puis à Mersine, de là à Adana. Là, nous avons déclaré la guerre aux Arméniens, nous avons tué 50.000 de ces chiens infidèles, dont le sang a inondé les rues, nous « avons arrêté ceux qui avaient survécu et les avons livrés au Gouvernement ». Cette lettre a été interceptée et se trouve entre les mains du Consul d'une puissance étrangère à Mersine. (Voir le N° 169, du 20 juin 1909, du *Frankfurter Zeitung*.)

a) La veille, le Major commandant l'expédition militaire avait menacé les Arméniens de bombarder leur village s'ils ne consignaient pas leurs armes dans les vingt quatre heures. (Les Consuls à Alexandrette de toutes les puissances étrangères ont eu connaissance de cette menace.)

b) Les soldats campaient jusque-là autour du village. Or, le matin même du jour où le bombardement eut lieu, ils s'étaient retirés dans la caserne. C'était pour se mettre à l'abri des boulets.

c) Le jour où le bombardement devait avoir lieu, on avait défendu aux Arméniens de sortir du village, si ce n'est par le chemin qui longe la caserne. C'était pour pouvoir surveiller ceux qui quitteraient le village.

d) Les canons étaient jusque-là dirigés vers la mer. Le matin même du jour du bombardement, ils furent braqués contre le village.

6° — Dans l'œuvre de justice entreprise, les Cours Martiales d'Adana et des environs, composées d'officiers membres du Comité « Union et Progrès », ont fait preuve d'une partialité révoltante. Ils ont emprisonné des innocents et laissé libres les notables turcs qui avaient organisé les boucheries, et qui étaient les vrais coupables. Abdul-Kader Bagdadi, le chef de la bande criminelle, fut nommé président du Comité qui avait pour mission de distribuer des secours aux Arméniens martyrisés et privés de tout. On a fait un crime à ceux qui s'étaient défendus de ce qu'ils ne s'étaient pas laissé égorger comme des moutons à l'abattoir, de ce qu'ils avaient survécu aux massacres, et on les a condamnés. La légitime défense fut imputée à crime aux Arméniens. On a pendu des gens qui n'avaient pas même eu besoin de se défendre, car dès la première heure, ils s'étaient réfugiés chez les Pères Jésuites ou chez les Missionnaires Américains et y étaient restés pendant toute la durée des troubles. Ces Pères et ces Missionnaires en témoignaient et protestaient contre cette façon arbitraire et inique de *rendre la justice*.

7° — En Cilicie, les membres du Comité « Union et Progrès », tous, sans exception, ont participé au mouvement réactionnaire et au massacre des Arméniens. Il leur eût été facile d'empêcher les troubles et d'apaiser le fanatisme de la populace en s'unissant aux Arméniens et en employant la force armée qu'ils avaient à leur disposition, comme ils l'on fait à Erzeroum. Un rapport envoyé de Mersine dit : « Osman bey, Commissaire impérial auprès de l'Administration du chemin de fer et président du Comité « Union et Progrès », joue un rôle infernal en excitant la populace contre les Chrétiens (*Jamanag* N° 171). Les événements de Tarsous ont été préparés chez le président du Comité local qui est en même temps le médecin de la Municipalité. C'est lui qui a fait ouvrir l'Arsenal et distribuer à la populace des armes et des munitions. Le Comité jeune-turc qui connaît ces faits, n'a voulu ni ouvrir une enquête, ni punir les auteurs de ces crimes, ni même les désavouer et les chasser de ses rangs.

8° — Le Comité « Union et Progrès » et le Gouvernement qu'il dirige ont tout fait pour dissimuler à l'opinion publique l'immensité du désastre, et réduire à des proportions dérisoires l'œuvre incommensurable d'extermination et de dévastation accomplie par les Barbares.

Se prévalant des dépêches transmises par le Gouverneur général et le Mufti (juge religieux) d'Adana, ils ont voulu réduire à 2,000 le nombre des tués que les Consuls déclaraient être de 25 à 30,000. Ils ont poussé l'audace jusqu'à prétendre que la plupart des tués étaient musulmans. Ils ne se sont pas gênés pour déclarer officiellement que les femmes et les jeunes filles s'étaient converties à l'islamisme de leur propre volonté, alors qu'on les y avaient forcées. Ils ont même dit que dans tous ces événements, il n'y avait eu qu'un seul cas de viol (!).

9° — Le Gouvernement, sous prétexte de calmer l'excitation des esprits, enjoignait aux journaux arméniens de Constantinople de ne rien publier d'*exagéré* (lisez : exact) au sujet des événements de Cilicie. Mais il permettait au journal *Ittidal* d'Adana, organe du Comité, d'exciter pendant deux mois entiers le fanatisme des Turcs, de provoquer le second massacre et d'attribuer aux Arméniens toute la responsabilité des événements. Malgré les plaintes qui arrivaient d'Adana, de Chypre, d'Égypte et de Constantinople, on toléra la longue série de ses mensonges et de ses calomnies infâmes et ce n'est que quand il eut consommé son œuvre néfaste qu'on se décida à le condamner à une suspension de dix jours.

Le Comité et le Gouvernement peuvent seuls nous dire les raisons mystérieuses pour lesquelles au même moment les journaux grecs et arméniens étaient suspendus à Constantinople et leurs propriétaires déférés à la Cour Martiale.

10° — Le Gouvernement aurait pu au moins, s'il l'avait seulement voulu, forcer les pilleurs à rendre aux Arméniens les effets qu'ils avaient volés, et soulager ainsi leur misère extrême. Là il a fait bien peu pour ne pas dire qu'il n'a rien fait du tout; il a permis (*), par sa mollesse et son incurie, que les objets volés fussent transportés au loin et vendus.

(*) Lorsque le Gouvernement voulut reprendre aux Turcs leur butin, ceux-ci se rebiffèrent, et en leur nom, le Cheik Ali Baba et d'autres crièrent à la face des fonctionnaires : « C'est vous qui nous avez armés, qui nous avez conseillé de massacrer et de piller les *Giaours* et vous voulez reprendre maintenant ces effets! Nous refusons de les rendre, car nous avons risqué notre vie pour nous en emparer ». Le Gouvernement, par crainte d'un scandale, cessa de les inquiéter.

Afin de jeter de la poudre aux yeux du monde, il reprit aux voleurs quelques effets qui leur étaient inutiles et les donna aux Arméniens. Mais quand il donnait par exemple une couverture sale et hors d'usage à une veuve, il lui faisait en même temps signer un billet par quoi elle déclarait avoir reçu tous les effets qu'on lui avait volés, et il faisait publier dans les journaux qu'on rendait aux Arméniens leurs effets volés (!). Les Consuls des puissances ont assisté à ces comédies.

11° — Les Jeunes Turcs ne montrèrent aucun empressement à dévoiler la véritable origine des massacres; ils employèrent tous leurs efforts à dégager leur responsabilité et à se disculper de toute patricipation au crime. L'*Itidal*, leur organe d'Adana, attribua aux Arméniens des visées séparatistes et des projets de soulèvement. Mais les Turcs eussent été de bonne foi dans leur accusation, qu'ils n'auraient pas dû détruire des villes entières et arroser les plaines d'Adana du sang de 30.000 innocents!

Nous allons d'ailleurs résumer les avis que de hauts personnages turcs ont émis sur cette accusation inepte autant qu'odieuse.

Le 15 mai, Hussein Hilmi Pacha, Grand-Vizir, répondant à une délégation du Patriarcat Arménien, disait : « Ce ne sont pas les gens « éclairés qui accusent les Arméniens de nourrir des idées séparatistes, « ce sont les ignorants ».

Le même jour, répondant au rédacteur du *Puzantion,* Mʳ Puzant Kétchian, qui se plaignait de ce que, après avoir été persécutés sous l'ancien régime, les Arméniens étaient maintenant persécutés pour la Constitution par ceux qui demandent le *Chériat,* Ahmed Riza, Président de la Chambre, disait : « Ce n'est pas étonnant, nous avons lutté ensemble « pour la Constitution, nous sommes persécutés ensemble pour la « Constitution ». *(Puzantion,* 4 17 mai.) Ahmed Riza attribuait ainsi les massacres d'Adana au mouvement réactionnaire.

Edouard Scarfoglio, se basant, sans doute, sur des indications inexactes, écrivait dans le numéro du 20 juin du *Matin :* « Les Arméniens « ont toujours envisagé comme une éventualité possible la reconsti- « tution d'un État autonome sous la suzeraineté de la Porte, une espèce « d'Egypte ou de Crète cilicienne, entre le golfe d'Adalia et le Tigre. « Depuis l'établissement du nouveau régime, ces vagues aspirations « se sont précisées plus nettement; les Arméniens ont eu le verbe plus « haut, ont parlé d'une Arménie future...... »

Ahmed Moukhtar Pacha démentait, dans le numéro suivant du même journal, les assertions du journaliste italien, et attribuait à des agitateurs Kurdes la paternité du drame sanglant d'Adana. D'autre part, le *Tanine,* l'un des principaux organes du Comité « Union et Progrès »,

parlant dans son numéro du 25 juin de l'article du *Matin,* déclarait :
« Nous ne pouvons pas croire à ce que M' Scarfoglio dit des Armé-
« niens, et repoussons l'accusation, qu'il formule contre eux, de tendances
« séparatistes manifestées clairement depuis la proclamation de la
« Constitution ».

Tandis que ces déclarations se faisaient à Constantinople, d'autres
membres du Comité, ainsi que les Cours Martiales (plutôt partiales)
fonctionnant en Cilicie, continuaient à propager cette accusation gra-
tuite et officiellement démentie. C'est ainsi que Hakki Bey, attaché
militaire ottoman à Vienne, fit aux correspondants de journaux européens cette stupéfiante déclaration : « Nous savons aujourd'hui que les
« troubles d'Adana furent fomentés à Constantinople. Nous avons saisi
« des dépêches qui prouvent que le Comité Arménien cherchait à
« provoquer une intervention de l'Europe ».

Cette fausse et odieuse accusation après d'épouvantables hécatombes, c'en était trop ! Nous adressâmes à Hakki Bey une lettre ouverte (*),
que publia en son temps la presse européenne d'Égypte, et par laquelle
nous le mettions en demeure de produire au grand jour les documents
dont il parlait ; nous attendons toujours la réponse de Hakki Bey.

(*) Voici cette lettre :

« Au lendemain des vêpres ciliciennes, nous croyons que le Comité auquel vous appar-
tenez s'empresserait de témoigner une noble sympathie aux infortunés Arméniens. Vous
nous avez refusé cette suprême consolation. Tout au contraire, vous avez prodigué vos
efforts pour tarir les sentiments de compassion du monde civilisé envers ce peuple martyrisé ; vous avez fait tout votre possible pour violer le pacte sacré de la fraternité ottomane
et pour rejeter sur les infortunés Arméniens la responsabilité des monstrueuses atrocités
commises contre eux-mêmes.

« Cette attitude ne nous surprend pas ; une fois de plus, il nous a été donné de connaître,
à la lumière de tragiques événements, les sentiments et la pensée intime de nos compatriotes turcs à notre égard.

« Cependant un point doit être mis au clair dans cette grave question.

« Dans quelques interviews, vous avez fait à des journalistes européens la déclaration
suivante : « Nous savons aujourd'hui que les troubles d'Adana furent fomentés à Constantinople. Nous avons saisi des dépêches, qui prouvent que le Comité Arménien cherchait
à provoquer une intervention de l'Europe ».

« Il ne faut pas que la vérité soit adroitement étouffée dans de vagues déclarations
orales ; il est indispensable que l'incontestable réalité soit présentée à l'opinion publique ;
et pour que votre Comité puisse plausiblement démontrer sa loyauté vis-à-vis de l'Europe
anxieuse, comme de l'Arménie souffrante, nous prions instamment les détenteurs des fameux
documents et télégrammes, auxquels vous faites allusion, de les publier immédiatement dans
la presse du monde entier.

« Mais si vous reculez devant notre juste réclamation, si vous n'établissez pas publiquement le bien-fondé de vos accusations, nous nous permettrons alors de déclarer à notre
tour que le Comité, à en juger par la tactique qu'il suit en cette affaire, a eu part à l'é-
pouvantable crime de lèse-humanité qui a mis une fois de plus en évidence la mentalité
criminelle de la populace fanatique. »

Nous avons exposé les faits dans toute leur simplicité, dans toute leur nudité; nous en faisons juge l'opinion du monde civilisé. Si les Gouvernements étrangers donnaient à la publicité les rapports officiels qu'ils ont entre les mains, nos dires seraient pleinement confirmés.

Nos critiques ne sont pas du goût des cercles officiels européens, nous le savons. Répondant à un appel que le journal *New-York American* avait lancé à l'Europe *civilisée* en faveur des Arméniens, Mr Keir Hardie, membre de la Chambre des Communes, s'est écrié : « *Il n'y a plus de Gouvernement chrétien en Europe* ». Parole sévère, mais juste. Les Gouvernements se montrent d'une bienveillance extrême pour les Jeunes-Turcs; pleins d'optimisme et de confiance, ils leur font le plus large crédit. Croiraient-ils par hasard que les Jeunes-Turcs pourront mener à bonne fin la tâche colossale de réformer et de régénérer la Turquie en décrépitude ?

Mais quelle que soit leur conviction à ce sujet, les Arméniens, eux, viennent de faire une amère et sanglante expérience, qui les a brutalement arrachés à l'optimisme radieux dont ils se sont bercés et leurrés pendant les neuf mois qui suivirent l'établissement de la Constitution. Le peuple arménien a fait plus de crédit aux Jeunes-Turcs que n'en ont fait les Gouvernements européens; sa confiance et son loyalisme furent récompensés par les tueries d'Adana.

Si le Gouvernement des Jeunes-Turcs, rompant avec les traditions funestes d'un passé de tyrannie et de barbarie, ne se décide pas enfin à conformer sa conduite et ses actes à l'esprit de la Constitution et à respecter le principe sacré de l'égalité absolue des races ottomanes, s'il n'accomplit pas l'œuvre de justice et de réparation qui s'impose, en châtiant sévèrement les coupables et en indemnisant les victimes, il aura, une fois de plus, donné raison à Lobanoff, qui disait : *la Turquie ne change pas,* et prouvé la justesse du mot profond de Gladstone : *the Turc learns nothing and forgets nothing.* Et l'Europe, enfin désabusée et se rendant à l'évidence, s'écriera avec Lord Salisbury : *we have put our money on the wrong horse.*

Nous avons été nous-même l'objet des accusations du Gouvernement turc, comme l'un des chefs imaginaires qui auraient organisé la prétendue *révolte* des Arméniens de Cilicie.

Ces accusations se rapportent à deux périodes : avant les massacres et après les massacres.

On a vu plus loin (page 22) que sous l'instigation de ses subordonnés, l'ex-Gouverneur d'Adana, Djévad Bey, nous avait à différentes reprises dénoncé au Ministre de l'Intérieur comme un excitateur de troubles et demandé notre destitution, en nous reprochant notamment :

1° — De nous être immiscé dans les affaires des autorités locales au cours de nos tournées pastorales dans le vilayet;

2° — D'avoir incité nos diocésains à refuser au fisc le payement des taxes militaire et municipale ;

3° — D'avoir adressé au Gouvernement un *takrir* ayant trait à des *questions politiques* tout à fait étrangères à nos fonctions épiscopales;

4° — De ne pas avoir la juste connaissance des obligations et attributions attachées à notre charge de métropolite.

Nous ropondîmes aux imputations du Vali par une lettre officielle adressée aux Ministères de l'Intérieur et de la Justice, en date du 2/15 mars 1909, lettre que notre chef hiérarchique le Katholikos de Cilicie fit parvenir à qui de droit, en y joignant une protestation véhémente et énergique contre les odieuses calomnies dont on nous accablait et que Sa Sainteté réfutait victorieusement par des arguments probants et péremptoires.

Les accusations formulées contre nous après les massacres, quoique provenant toutes de « source turque », semblent avoir trois origines différentes, savoir :

A) Les correspondances d'un des officiers de l'escadre française mouillée dans les eaux de Mersine, correspondances publiées dans les numéros du 6 mai du *Journal* et du 7 mai du *Figaro,* d'après lesquelles nous aurions prêché « la guerre sainte » contre les Turcs, aurions poussé les Arméniens à se soulever pour fonder un royaume indépendant, etc., toutes choses qui auraient irrité les Turcs et déterminé ainsi une explosion de fanatisme musulman....

A ces informations puisées à des sources « suspectes » nous répondîmes comme ci-après dans les colonnes des journaux *Le Figaro* (numéro du 30 mai) et du *Courrier d'Europe* :

Le Caire, 18 mai 1909.

Monsieur le Rédacteur en chef,

« *Le Journal* du 6 et *Le Figaro* du 7 mai ont publié une lettre écrite par un officier de marine, servant à bord des navires de guerre français envoyés dans les eaux ottomanes ; l'auteur de la lettre, en rendant compte des massacres d'Adana, attribue aux Arméniens, victimes de la plus atroce des tueries, et à leur infortuné évêque, un rôle qui est juste le contraire de la vérité. Je ne conteste nullement la bonne foi de votre correspondant occasionnel ; mais je constate qu'ayant puisé ces informations à des sources turques, car aucun Chrétien n'aurait pu approcher en ces jours de terreur un officier étranger, il reflète naturellement la version officielle mise en circulation par les organisateurs même des massacres.

« Aussi bien c'est attacher une très grande valeur aux excuses inadmissibles auxquelles se cramponnent les autorités réactionnaires de la province que de parler de prétendues provocations des Arméniens, quand on admet, comme le fait votre correspondant, que l'hécatombe était préméditée depuis longtemps et qu'on en a hâté l'exécution sur un mot d'ordre venu de Constantinople.

« Partout en Turquie, et notamment dans mon diocèse, les Arméniens avaient accepté avec joie et reconnaissance le régime constitutionnel, et leur loyalisme a été reconnu dans des circonstances officielles par les chefs du mouvement libéral. Les sentiments que mes ouailles professaient vis-à-vis du nouveau régime se manifestent dans ce fait que la plupart des membres du Comité local de l'« Union et Progrès » appartenaient à l'élite de la population arménienne d'Adana. Il ne serait pas superflu de noter qu'il n'existe pas de théâtre à Adana ; deux ou trois représentations de bienfaisance ont été données, mais aucune pièce ne met en présence des Arméniens et des Turcs. Quant à l'enseignement donné dans nos écoles, il s'est toujours inspiré de l'esprit de paix et de concorde ; il ne pourrait pas en être autrement, car en dehors de la surveillance qu'exercent nos autorités ecclésiastiques, celle du Gouvernement, très sévère, aurait suffi à traduire en Cour d'Assises tout instituteur qui se serait permis de pousser ses élèves à la haine des Turcs.

« Mais il devient évident aujourd'hui que d'autres sentiments prévalaient dans les milieux officiels de la réaction, représentée par un ancien secrétaire du sultan Abdul-Hamid, nommé gouverneur général, par le Commandant militaire, ennemi juré des Arméniens, et par quelques notables habitués à exploiter les abus de l'ancien régime ; ces gens-là guettaient une occasion de se venger par une hécatombe arménienne du changement survenu dans le régime du pays. Dès le premier jour, ils avaient représenté ce changement comme une concession faite aux Chrétiens, aux Arméniens particulièrement. Ils avaient propagé dans la population ignorante cette opinion saugrenue que la proclamation de la Constitution équivalait à l'octroi de l'autonomie aux Arméniens. Certes, les massacres se préparaient et nous étions parfaitement au courant de ce qui s'organisait. J'ai, dès le 23 janvier 1908, signalé le danger au Grand Vizir, aux Ministères de l'Intérieur et de la Justice, au Président du Sénat et de la Chambre et au Gouverneur général dans un mémoire qui a été rendu public par la presse de Constantinople ; et Sa Béatitude le Patriarche de Cilicie en avait fait autant dans une dépêche officielle qu'il a adressée au mois d'octobre 1908 à la Sublime-Porte. Faut-il que je parle aussi des récentes publications d'un journal turc publié à Adana, l'*Ittidal,* qui se fait l'écho fidèle du motif politique qui aurait poussé quelques soi-disants patriotes turcs à encourager l'extermination des Arméniens ? L'état florissant de cette Communauté dans la province leur aurait fait soupçonner de futures éventualités qu'ils auraient décidé de prévenir par le sabre. Ces choses-là s'impriment en plein vingtième siècle et toute personne soucieuse d'établir la vérité peut les lire.

« Les auteurs des massacres cherchent à m'attribuer un rôle que mon sacerdoce seul suffisait à éloigner de moi. Conscient de la responsabilité qui m'incombait, en ma qualité de chef spirituel, j'ai fait tout ce que je pouvais pour conjurer le danger imminent. Ministre de la paix, je ne pouvais pas prêcher la guerre sainte ou l'extermination des Turcs, comme on l'a dit à votre correspondant. Dans une lettre pastorale, datée du 7 novembre dernier, que la presse arménienne avait publiée *in extenso,* je recommandais à mes ouailles d'oublier le passé, dont le régime de despotisme seul était responsable, et de faire acte de loyalisme envers le nouveau régime en resserrant les liens de fraternité avec leurs compatriotes turcs. Mais je n'ai pas osé m'opposer aux mesures de vigilance que des particuliers terrorisés pouvaient prendre en présence de l'insécurité générale et de la désagrégation gouvernementale ; je ne pouvais pas le faire en toute conscience. Un peu plus rassuré en ces derniers temps, je me trouvais depuis un mois en mission pastorale en Égypte pour demander l'assistance des notabilités arméniennes de ce pays afin d'ouvrir à Adana une école pratique d'agriculture, quand les nouvelles des massacres m'y ont surpris ; il est donc inexact de dire que j'aurais pris la fuite au moment des massacres.

« Tels sont les faits ; c'est offenser la mémoire de 30,000 Arméniens, jeunes gens, vieillards, femmes, enfants, qui ont été passés au fil de l'épée ou ont été brûlés vifs, que de parler de provocations arméniennes. Celles-ci n'ont jamais existé. Rien ne pourrait d'ailleurs excuser de pareilles tueries sauvages.

« J'ai l'honneur, Monsieur le Rédacteur en chef, de vous présenter, etc.

« † MOUCHEGH,
« Évêque-prélat des Arméniens d'Adana. ».

B) Dans le rapport qu'il adressa au Gouvernement Central après les massacres, l'ex-Vali d'Adana dit sur notre compte ce qui suit :

« ..... D'autre part, l'Evêque Mouchegh incitait les Armé-
« niens à la désobéissance aux lois de l'Etat et envenimait
« leur esprit. Par ses discours et ses sermons, il excitait la
« population arménienne du vilayet contre les Musulmans et
« contre le Gouvernement. »

Ces lignes, ainsi d'ailleurs que le rapport dont elles sont extraites, ne sont qu'un tissu de mensonges et de calomnies. Nous jugeâmes nécessaire d'y répondre par une lettre ouverte adressée à Djévad Bey, et qui fut publiée en son temps dans les journaux *Loussaper-Arev,* du Caire (N° 683-65); *Jamanak,* de Constantinople (N° 195), et la revue *Arévé-lian Mamoul,* de Smyrne. Traduite en turc, notre réponse fut également envoyée aux journaux turcs de Constantinople, Alep et Smyrne, ainsi qu'à la Cour Martiale d'Adana.

Nous établissions dans cet écrit, avec documents à l'appui, que loin d'avoir excité nos diocésains contre la population musulmane et les autorités, nous n'avions jamais cessé de les exhorter à vivre en bonne intelligence avec leurs compatriotes turcs et à ne pas créer de difficultés au Gouvernement dans l'accomplissement de sa tâche ardue. (Voir p. 20.)

C) La Cour Martiale d'Adana — dont les sentences, contraires à la justice et à l'équité, stupéfièrent et scandalisèrent le monde civilisé —

fit sienne cette accusation mensongère, en y ajoutant deux nouveaux chefs, d'après lesquels :

1º — Nous aurions fourni aux Arméniens les moyens de se procurer des armes ;

2º — Nous serions affilié à un Comité révolutionnaire.

Nous n'entreprendrons pas de réfuter ces imputations mensongères et calomnieuses, car ce serait en vérité faire trop d'honneur aux juges de qui elles émanent, et qui, par leur façon de comprendre et de rendre la justice ont prouvé qu'ils sont absolument indignes des hautes fonctions dont on les a investis. Nous nous bornerons à déclarer, avec la plus parfaite sérénité de conscience, qu'un tribunal impartial et équitable réduirait à néant du premier coup les accusations et les calomnies dirigées contre la population arménienne de la province d'Adana et contre son Evêque, parce qu'elles ne reposent sur aucune réalité, parce qu'elles sont dénuées de tout fondement. (*)

Et pour en finir avec le chapitre des accusations portées contre notre personne, nous reproduisons ici une lettre adressée par S. S. le Katholikos Sahag de Cilicie au Patriarcat de Constantinople (**), lettre qui fait bonne justice des imputations dont nous sommes l'objet de la part d'adversaires rancuniers et implacables.

« ....(*Omissis.*)

« Les autorités locales, profitant de l'absence de Mᵍʳ Mou-
« chegh — absence qui dura près d'un mois — organisèrent
« les massacres d'Adana et la dévastation de la contrée. Leur
« sinistre projet accompli, elles interdirent à l'Evêque d'Adana,
« à son retour d'Egypte, l'accès du pays dans toutes les villes
« du littoral.

(*) En vertu des privilèges et prérogatives dont les Patriarcats jouissent depuis des temps immémoriaux, les ecclésiastiques relèvent directement des autorités religieuses et ne peuvent être traduits en justice sans l'assentiment de celles-ci. Le Gouvernement est tenu d'informer officiellement le Patriarcat intéressé de toute action intentée contre un ecclésiastique et de demander son consentement à ce qu'il soit traduit devant le Tribunal compétent. L'Assemblée religieuse statue sur l'affaire, et, si elle acquiert la certitude de la culpabilité de l'accusé, elle le livre aux autorités judiciaires après lui avoir fait quitter l'habit et l'état ecclésiastique. Les Cours Martiales qui fonctionnent en Asie Mineure ont passé outre à toutes ces formalités, et ont, de leur propre autorité, arrêté, emprisonné et jugé des ecclésiastiques arméniens, à l'insu et sans l'autorisation du Patriarcat dont ils relèvent. C'est dans ces conditions qu'un mandat d'arrêt a été lancé contre nous par la Cour Martiale d'Adana — mandat auquel nous n'avons pas cru devoir obéir, non seulement parce que nous n'avons aucune confiance en l'impartialité et l'esprit d'équité des juges dont il émane, mais encore et surtout parce qu'il a été décerné au mépris et en flagrante violation des droits et privilèges séculaires du Patriarcat Arménien de Constantinople.

(**) Cette lettre porte la date du 19/1ᵉʳ juin 1909 et le Nº 233/175.

« Nous protestons contre cette façon d'agir des autorités
« locales, car on ne juge un inculpé qu'après l'accomplissement
« de toutes les formalités légales ; s'il est reconnu coupable,
« on le condamne à la peine édictée par la loi ; on peut exiler
« quelqu'un comme fauteur de désordre, mais on ne peut, on
« ne doit pas, en bonne justice, l'expulser du pays avant de
« l'avoir jugé.

« La seule faute qu'on puisse reprocher à Mgr Mouchegh,
« c'est d'avoir, en vrai patriote ottoman, cru sincèrement aux
« *bienfaits* promis, proclamés par la Constitution, et d'avoir,
« à son retour de Constantinople, signalé au Gouverneur,
« dans un langage modéré, les vexations et persécutions de
« toutes sortes dont ses diocésains étaient en butte dans le
« vilayet d'Adana. De là la haine du Vali contre Mgr Mouchegh,
« haine qui lui a inspiré les fausses et absurdes accusations
« qu'il formule contre cet éminent ecclésiastique.

« Il n'est pas vrai que Mgr Mouchegh ait conseillé à ses
« ouailles de refuser le payement de l'impôt militaire, puisqu'il
« n'est rentré à Adana qu'au mois d'octobre, et qu'à cette
« époque la question n'était pas encore soulevée. Plus tard,
« des pourparlers ayant été engagés entre la Sublime-Porte
« et le Patriarcat Arménien au sujet du paiement de l'impôt
« en question, le Patriarcat avait enjoint à tous les métropo-
« lites arméniens de l'intérieur de ne pas prendre part, jusqu'à
« nouvel ordre, à la répartition de cet impôt. Nous conformant
« aux instructions formelles du Patriarcat, nous avisâmes par
« écrit les autorités de Kozan que nous avions invité les métro-
« polites arméniens à ne pas prendre part aux délibérations
« de l'*Idaré-Médjlissi* au sujet du *tevzi* (répartition), jusqu'à
« complète solution de la question pendante entre le Gouver-
« nement et le Patriarcat. Donc, le coupable, si coupable
« il y a, c'est NOUS, et non Mgr Mouchegh.

« On reproche bien à tort à l'Evêque d'Adana d'avoir
« conseillé aux Arméniens de *se procurer des armes*. Après le
« 11 juillet, tous les Ottomans — Turcs, Arméniens, Grecs —
« n'ont-ils pas juré sur le Coran, sur l'Evangile, de défendre
« la Constitution au prix de leur sang ? Comment pouvait-on
« assurer cette défense si ce n'est en s'armant ? Le Gouver-
« nement, d'ailleurs, toléra partout l'importation et le libre

« commerce des armes; des orateurs, des journalistes ne cessè-
« rent d'insister sur le devoir qu'avait chaque citoyen de s'ar-
« mer en vue de la défense du Nouveau Régime. Les paysans
« turcs, ne se contentant pas des armes qu'ils possédaient, en
« achetaient continuellement de nouvelles. Dans toute la ville
« d'Adana, il n'y avait qu'un seul armurier arménien, tandis
« qu'il y avait une dizaine d'armuriers turcs. Pourquoi le
« Gouvernement n'a-t-il pas prohibé alors le commerce des
« armes et sévi contre les coupables, tant dans les provinces
« qu'à Constantinople ?

« On prétend que Mgr Mouchegh serait un révolutionnaire.
« Mais qui n'était pas révolutionnaire après le 11 juillet ? Tous
« les citoyens ottomans avaient juré, sincèrement ou non, de
« combattre en vrais révolutionnaires l'Ancien Régime, si
« jamais il revenait. Les faux constitutionnels furent démasqués
« à Constantinople après le coup de réaction du 13 avril, et
« furent sévèrement châtiés, tandis que les vrais constitution-
« nels, *les révolutionnaires* se couvraient de gloire en sauvant
« la patrie. Mgr Mouchegh était un révolutionnaire dans le
« meilleur sens du mot; son activité « révolutionnaire » n'avait
« d'autre but que la prospérité et la grandeur de la patrie; il
« aspirait à embellir le pays, à élever le niveau intellectuel
« et moral de ses ouailles, à améliorer leur situaation écono-
« mique, afin qu'ils pussent vivre matériellement et morale-
« ment heureux, en libres citoyens de la Patrie Ottomane.
« De telles aspirations ne pouvaient certainement plaire à des
« fonctionnaires et à des compatriotes imprégnés des idées et
« des préjugés fanatiques du régime hamidien.

« Le Patriarcat et la Nation doivent déployer tous leurs
« efforts pour la défense de l'Evêque d'Adana, car sa condam-
« nation serait en réalité celle de toute la Nation. »

APPENDICES

APPENDICES

Appendice A

NOS lecteurs troveront ci-après les principaux passages du rapport, qu'après notre tournée pastorale dans le *sandjak* (*) de Djebel-Béréket, nous présentâmes au Gouverneur général d'Adana, — rapport dont il est longuement parlé à la page 22 de ce mémoire.

Le " kaza " d'Osmanié.

.... *(Omissis.)*

La Liberté et la Constitution, qui ont bouleversé la Turquie entière, n'ont pas encore pénétré dans ce *kasa* (*). Ce sont d'abord les fonctionnaires du Gouvernement et ensuite les *Aghas* (notables turcs) de la localité, qui sont responsables de la continuation de l'*istibdad* (despotisme). Ce sont tous des ennemis jurés de la Liberté, des adversaires irréductibles du Régime Constitutionnel. Le despotisme ayant été le berceau de leur *aghaïsme* oppresseur, ils considèrent naturellement la Constitution comme le tombeau de leur influence et de leur toute-puissance.

(*) Le *sandjak* est une subdivision du *vilayet* (province, département); c'est une circonscription territoriale formée de plusieurs *kazas* (cantons).

Une des nombreuses iniquités et illégalités qu'on remarque ici, c'est que, bien que le *kaza* ait une population chrétienne d'environ 3000 âmes, il n'y a pas un seul juge chrétien au Tribunal et l'*Idaré-Médjlissi* ne compte qu'un seul chrétien parmi ses membres.

Lorsqu'un droit légitime est ainsi méconnu et foulé aux pieds, quelle idée veut-on que le peuple, musulman ou chrétien, se fasse de l'équité du Gouvernement? Si l'on a à cœur d'introduire des réformes dans le pays, on doit faire en sorte que le peuple ait confiance en la loyauté et l'équité du Gouvernement, et le seul moyen de gagner la confiance du peuple, c'est de défendre ses droits et de les préserver de toute atteinte..................... ....

Le " kaza " de Boulanik.

La Constitution n'a pas amené un changement notable dans la situation intérieure de ce *kaza*. Le Hakim, ainsi que le Mufti (juge religieux), les fonctionnaires et les gendarmes, tous hommes de l'ancien régime, continuent comme par le passé leurs déprédations, leurs exactions et vexations de toutes sortes. Les Arméniens de la localité ne sont pas encore considérés comme des *citoyens ottomans;* les Turcs, y compris les fonctionnaires du Gouvernement, les traitent, comme jadis, en *rayas,* en *giaours.*

Le Mufti Ismaïl Hakki Effendi est le grand fléau de ce kaza. Nous ne nous amuserons pas à énumérer dans ce rapport les abus, illégalités et prévarications sans nombre dont il s'est rendu coupable dans l'exercice de ses fonctions. Nous nous bornerons à raconter brièvement l'histoire de ses menées réactionnaires après l'établissement de la Constitution.

Lorsque la Constitution fut proclamée, le Mufti était occupé à ravir aux paysans de Duz-Itchi des troupeaux de chèvres et de vaches. Il se hâte de rentrer à *Baghdjé,* chef-lieu du kaza et se met aussitôt à l'œuvre pour exciter le fanatisme de la populace turque, tant contre le nouveau régime que contre les Arméniens, contre les maudits *Giaours,* comme il les appelle. Il dit aux Turcs qu'il a reçu des *lettres* ordonnant de massacrer les Arméniens de la localité, et fait tout son possible pour les y décider. Obéissant à ses instigations, son cousin, Midhat Kaïpatli, un soldat déserteur, s'introduit nuitamment dans la maison de Khatcher Khatchérian (sise dans la vallée de Diche-Boudak), se précipite, le poignard à la main, sur la femme de l'Arménien qui était absent, et lui fait subir les derniers outrages.

Lorsque plainte est portée contre l'ignoble satyre, le Mufti, au lieu de le livrer aux autorités, comme c'était son devoir, se contente de le renvoyer de chez lui. Quelques jours après le crime ci-haut relaté, le soldat déserteur revient de nuit à Diche-Boudak et enlève cette fois à Sarkis Tossounian ses trois vaches. Il les lui rend au bout de quelques jours après lui avoir fait payer une somme de 150 piastres à titre de *rançon*. De nouveau, le Mufti le protège.

Le fait suivant prouve que le Mufti a exhorté les Musulmans de la localité à massacrer leurs concitoyens arméniens ; deux de ses hommes se rendent un jour chez un meunier arménien de Baghtché, et lui déclarent brutalement que « les Turcs vont bientôt massacrer tous les Arméniens, le Mufti ayant reçu des instructions à cet effet ».

L'autorité compétente ayant été saisie du fait, le meunier arménien en dépose sous la foi du serment, tandis que les deux Turcs, dûment stylés, nient avoir dit les paroles incriminées et sont immédiatement relâchés.

Quelques jours avant la fête du Baïram, Guvéli Oghlou Véli, un des intimes du Mufti, s'adressant aux Arméniens, s'écrie en plein marché : « O *Giaours,* ne vous réjouissez pas tant ; vous n'avez que trois jours encore à vivre ; vous serez massacrés jusqu'au dernier » (*).

Notre Vicaire (le Prêtre Vahan Der Stépanian) signale l'incident à l'attention des autorités, mais inutilement. Le provocateur n'est pas inquiété.

Le surlendemain, Youssouf, frère du Mufti et percepteur en chef du Kaza, fait au marché les mêmes menaces à l'adresse des Arméniens. De nouveau, les autorités n'ont garde d'intervenir, soit qu'elles craignent le Mufti, soit qu'elles veuillent lui complaire.

Le premier jour du Baïram, alors que les Turcs, assemblés dans la mosquée, écoutent la prédication du Mufti, le feu éclate quelque part dans la ville ; un Turc, voyant l'affolement de la population et se méprenant sur la cause de l'agitation, jette, devant la porte de la mosquée, ce cri d'alarme : « Sortez de la mosquée ; ce sont les *Giaours*

(*) Le correspondant du *Berliner Tageblatt* décrit comme suit, d'après le récit d'ingénieurs allemands, témoins oculaires du massacre de Baghdjé, la conduite criminelle de ce Mufti :

« A Baghdjé se trouvent les ateliers de Winkler ; celui-ci était absent, mais sa famille et de nombreux ingénieurs étaient là. Nos compatriotes virent et vécurent des choses horribles, monstrueuses. *Le Mufti avait excité et soulevé* toute la tourbe fanatique et criminelle de Baghdjé et des environs. Un grand nombre d'Arméniens, parmi lesquels le prêtre (Der Vahan Der Stépanian), s'étaient réfugiés dans la maison des Allemands. Tous les Chrétiens qui se trouvaient dehors furent égorgés sans pitié sous les yeux des Allemands. Le Mufti, avec des menaces de mort, somma ceux-ci de lui livrer les Arméniens qui se trouvaient chez eux. Nos compatriotes furent obligés, pour assurer leur salut, de livrer ces malheureux, que le Mufti fit assassiner sur-le-champ.... »

Et dire qu'il s'est trouvé une Cour Martiale pour acquitter ce monstre !

qui nous assaillent ». En entendant ces paroles, le Mufti, s'écrie, tout joyeux, du haut de la chaire : « Ne vous l'avais-je pas dit ? » confessant ainsi involontairement ses sinistres desseins à l'égard des Arméniens et les efforts qu'il avait déployés pour arriver à ses fins.

Il serait de la plus grande urgence de révoquer ce Mufti prévaricateur et réactionnaire, ainsi que son frère, car tous deux abusent de leur autorité et de leurs fonctions au grand préjudice du peuple, et cherchent à semer la haine et la discorde entre les éléments musulman et chrétien de la contrée.

La gendarmerie et la police sont recrutées parmi des bandits et des malfaiteurs notoirement connus, qui oppriment, tyrannisent et grugent les malheureux paysans. Ils sont les instruments dociles du Mufti, les fidèles exécuteurs de ses ordres et de ses volontés.

Il nous suffira de citer le fait suivant pour faire voir jusqu'où va l'audace criminelle de ces fonctionnaires.

Un nouveau Kaïmakam (*) ayant été nommé après la Constitution en remplacement du Gouverneur destitué, des muletiers arméniens avaient été chargés par les autorités de transporter au chef-lieu les effets et les bagages du nouveau Kaïmakam. Un de ces muletiers, le nommé Boghos Lapadjli, refuse de travailler le dimanche, jour consacré par la religion au repos. Le gendarme Ahmed Gudjuk Hadji, irrité de ce refus, se met à invectiver grossièrement contre la religion chrétienne, et administre au muletier une terrible bastonnande. Les prêtres arméniens du kaza protestent auprès du Kaïmakam contre la conduite indigne et barbare du gendarme Ahmed. Le Mufti le protège. Voyant l'insuccès de leurs démarches auprès des autorités locales, les Arméniens portent le fait à la connaissance du Mutessarif. Interpellé par ce dernier, le Hakim (l'adjoint au Kaïmakam) *nie* cyniquement l'acte abominable commis par Ahmed Tchaouche. L'affaire en reste là, et le coupable reste impuni.

Un fait analogue se produisit pendant notre séjour dans ce kaza. Le 9 novembre, l'Administration loue 28 muletiers arméniens pour transporter des fils télégraphiques d'Alexandrette au chef-lieu du kaza. Les muletiers, alléguant leur pauvreté, demandent des arrhes. Le *Mulazim zabita mamour* (officier de gendarmerie) offre une livre, et lorsque le muletier Sarkis, fils de Gabriel Tinghirian, fait observer que 3 livres suffiraient à peine pour les frais de nourriture de 23 chevaux et de leurs conducteurs durant le voyage, le Mulazim se précipite, furieux, sur le malheureux muletier et après l'avoir férocément roué de coups de fouet, s'empare de son cheval ; voyant cela, les muletiers prennent la fuite, et Sarkis vient nous trouver au village de Hassan Beyli pour nous faire

-----

(*) Gouverneur de kaza.

part de sa mésaventure. Nous écrivîmes au Kaïmakam pour lui demander de faire restituer à son propriétaire la bête de somme confisquée par l'officier.

Aussi longtemps que des fonctionnaires comme le gendarme Ahmed et le héros de l'exploit relaté ci-haut continueront d'exercer leurs fonctions, la Constitution n'existera dans ce kaza que de nom et l'*Istibdad* y sera le régime dominant, tout comme du temps d'Abdul Hamid.

Le " *kaza* " d'Islahié.

La population du kaza d'Islahié se divise en trois catégories, savoir :

1° — Les indigènes, anciens habitants du pays, qui sont établis à demeure sur les côtes des montagnes d'Islahié. Dans la langue du pays on les appelle des *Kiyili* ou *Tahta Kapoulou*.

2° — Les Kurdes nomades qui, sous l'ancien régime, vivaient de l'élevage des moutons et de pillage. Après les avoir soumis, Derviche Pacha les établit dans la plaine d'Islahié. Ces nomades se divisent en deux *achirets* (tribus): l'achiret *Délikanli* et l'achiret *Djélikianli*.

3° — Des colons qui, amenés de Roumélie, ont été installés dans le kaza. Ils sont peu nombreux et forment à peine le cinquième de la population.

Les mœurs particulières aux tribus Kurdes se manifestent chez ces nomades dans toute leur force et dans toute leur sauvagerie. Les efforts de Derviche Pacha ont été impuissants à mater complètement leurs instincts héréditaires de meurtre et de pillage. Les *Aghas*, les *Beghs* (notable, chef) continuent à opprimer et à tyranniser aussi non seulement les Kurdes de leurs *achirets*, mais de la population des deux villages arméniens (Keller et Intili) qui se trouvent dans le kaza, ainsi que la population turque. Voilà plus de 25 ans que les opprimés envoient plaintes sur plaintes au Gouvernement central; ils ont dépensé en dépêches télégraphiques plus de 4000 livres. Tous leurs efforts ont échoué, toutes leurs démarches sont demeurées sans effet, par ce que tous les inspecteurs que le Gouvernement a envoyés sur les lieux ont été immédiatement corrompus par les Aghas; ils ont imposé silence aux plaignants, ils ont tu ou altéré la vérité dans leurs rapports, et ont ainsi contribué à fortifier davantage la position des oppresseurs et à raffermir leur puissance. Ajoutons que les Aghas ne manquaient jamais de se faire rembourser par les plaignants les sommes avec quoi ils avaient graissé la patte aux soi-disant enquêteurs.

Keussé Agha Keussur Begoghlou est un des chefs de la tribu Déli-kianli, et le mauvais génie, le fléau de ce canton. Rusé, astucieux, passé maître dans l'art de pêcher en eau trouble, il ne cesse de semer la haine et la discorde parmi les divers éléments de la population pacifique du kaza.

Il s'efforce d'exciter le fanatisme du peuple turc et de le soulever contre le Régime Constitutionnel, dont il est l'ennemi acharné.

Un jour que le Kaïmakam d'Islahié, fonctionnaire libéral et intègre, avait expliqué publiquement au peuple les bienfaits multiples de la Constitution et l'avait exhorté à obéir aux nouvelles lois, l'Agha sus-nommé réunit autour de lui les autres chefs de l'Achiret et après avoir donné un libre cours à sa colère contre le Kaïmakam, il leur dit : « C'en est fait de notre liberté; désormais nous n'aurons plus personne pour nous donner un verre d'eau. C'en est fait du *cheref* (ascendant, autorité, prestige) de l'*Aghaïsme*. Pour que nous puissions redevenir tout-puissants, il faut, il est indispensable que le Kaïmakam s'en aille d'ici ».

Appendice B

Voyant que le Gouvernement s'efforçait de dénaturer les faits et d'altérer la vérité, pour rejeter sur les malheureux Arméniens la responsabilité du drame sanglant d'Adana, nous jugeâmes nécessaire de nous adresser au Gouvernement turc et aux Ambassadeurs des Puissances à Constantinople, pour solliciter la constitution d'un *Tribunal Mixte*.

Nous reproduisons ci-dessous les documents relatifs à nos démarches.

Dépêche adressée aux Présidents de la Chambre des Députés et du Sénat, au Grand-Vizir et au Patriarcat Arménien à Constantinople.

Le Caire, 1er mai 1909.

Empêché par les autorités de Mersine de rejoindre mon diocèse et pleurant la perte de milliers et de milliers de mes ouailles victimes d'un mouvement fanatique dont la responsabilité incombe à tous ceux qui avaient dans leurs mains les rênes du Gouvernement, je reçois ici la pénible nouvelle des tentatives faites par le Ministère de l'Intérieur et les autorités d'Adana, tentatives visant à attribuer aux Arméniens la responsabilité de ces tragiques événements — ce qui pourrait créer une atmosphère de suspicion et de méfiance dans le pays. Mon cœur saigne à l'horrible pensée que mes ouailles sont accusées d'être les fomentateurs des troubles, alors qu'elles n'en sont que les infortunées victimes. Je proteste énergiquement contre ces insinuations qui ne tendent à rien moins qu'à justifier et légitimer la plus atroce des tueries humaines. Je sollicite la constitution d'un Tribunal spécial ayant pleins pouvoirs et offrant toutes les garanties d'impartialité nécessaires — ce qui pourrait être assuré par *l'adjonction de quelques jurisconsultes étrangers* jouissant de la confiance universelle.

L'honneur du Gouvernement Constitutionnel et la tranquillité future du pays exigent que l'œuvre de ce Tribunal soit entourée de tels éléments de sincérité et qu'elle ait pour but le châtiment sévère et exemplaire des coupables et la réparation des pertes subies par les victimes.

† Mouchegh
Evêque des Arméniens d'Adana

Lettre adressée aux Ambassadeurs des Puissances européennes à Constantinople.

Le Caire, le 4 mai 1909.

Monsieur l'Ambassadeur,

Je prends la liberté de vous remettre la copie d'une dépêche que je viens d'adresser à S. A. le Grand-Vizir, à L.L. E.E. les Présidents du Sénat et de la Chambre Ottomane et à S. S. le Locum Tenens du Patriarcat Arménien, et par laquelle je sollicite la formation d'un Tribunal spécial, comptant parmi ses membres des jurisconsultes étrangers et chargé de rechercher l'origine des massacres qui ont récemment ensanglanté le vilayet d'Adana, mon diocèse, d'établir les responsabilités et de découvrir les coupables.

Plusieurs faits prouvent, Monsieur l'Ambassadeur, qu'à Constantinople comme à Adana, il y a de la part des autorités, évidemment mal inspirées, un effort pour dénaturer les faits. Il me suffira, pour le démontrer, de signaler entre autres indices, le langage tenu par S. E. Adil Bey, sous-secrétaire d'Etat au Ministère de l'Intérieur, à S. S. le Locum Tenens du Patriarcat Arménien, en présence de L. L. A. A. le Grand-Vizir, le Cheikh-ul-Islam et d'autres ministres.

En effet, Adil Bey a exercé une pression sur S. S. le Locum Tenens et l'a pour ainsi dire forcé à lancer aux Arméniens d'Adana une dépêche les invitant à cesser les hostilités, en leur attribuant ainsi implicitement la responsabilité des troubles.

Je signale en outre la teneur des rapports télégraphiques du Vali d'Adana — rapports qui ont été rendus publics — ainsi que les efforts déployés par ce même Vali pour obtenir des notables arméniens survivants une déclaration suivant laquelle les Arméniens seraient responsables des événements survenus.

Je pense donc qu'il est de l'intérêt de mes malheureuses ouailles ainsi que du Gouvernement Impérial lui-même, que le triomphe de la vérité soit assuré par une enquête rigoureuse et par des jugements impartiaux, et je préconise dans ce but l'emploi des moyens suggérés dans ma dépêche.

Au nom des innombrables victimes de ces atroces hécatombes et au nom d'un peuple martyrisé dont les survivants veulent encore être confiants en la justice humaine, je vous supplie, Monsieur l'Ambassadeur, d'offrir à mes ouailles votre haut et bienveillant appui ; ce faisant, Votre Excellence aura contribué en même temps à l'apaisement des esprits et au rétablissement de la concorde.

Appelant la bénédiction divine sur Votre Excellence et sur votre noble nation, je vous prie d'agréer, Monsieur l'Ambassadeur, etc.

† MOUCHEGH
Evêque des Arméniens d'Adana.

Appendice C

Lorsque la Cour Martiale envoyée de Constantinople arriva à Adana, les Chefs spirituels des Communautés Arménienne, Arménienne-Catholique, Arménienne-Protestante, Syrienne et Chaldéenne lui présentèrent un mémoire collectif sur les tragiques événements d'Adana. Nous mettons sous les yeux de nos lecteurs ce document intéressant au premier chef.

A la Cour Martiale d'Adana. (*)

Qu'il nous soit permis de consigner dans ce mémoire tout ce que nous savons sur les douloureux événements d'Adana et de ses dépendances.

Le mercredi 14 avril, quand une partie de la population chrétienne se rendait à la campagne pour vaquer à ses affaires, l'autre partie descendait au marché pour ouvrir ses boutiques ou magasins. On remarquait déjà dans les rues une foule de Musulmans armés de gourdins, de massues, d'armes à feu. Les pauvres Chrétiens, saisis d'effroi à la vue de tant de gens armés, retournent à leurs maisons. Là-dessus, l'ex-Djévad Bey a fait appeler les chefs des Communautés chrétiennes et leur a dit qu'il n'y avait rien d'alarmant; les Chrétiens devraient rouvrir leurs magasins et s'occuper de leurs affaires.

Nous attirons l'attention de l'ex-Vali sur la foule armée et menaçante qui encombrait le Bazar. « Cette multitude sera dispersée, nous dit-il, quand les Chrétiens auront fini d'ouvrir leurs boutiques. » Nous parcourons alors Marché et Bazar pour exhorter les Chrétiens à vaquer, en toute sûreté, à leurs occupations, en leur communiquant les ordres du Vali. Sur ces entrefaites, nous voyons deux blessés chrétiens dirigés vers le Gouvernorat, alors que ceux qui les avaient blessés n'étaient nullement molestés. Cette situation menaçante a duré encore quelques instants. Il était déjà midi, lorsque, de divers côtés de la ville à la fois,

---

(*) **Nous respectons la forme et le style de la traduction qui nous a été communiquée.**

une vive fusillade se fit tout à coup entendre. Les deux premiers tués étaient, l'un David Efendi Ourfalian, membre de la Cour d'Assises, qui tâchait, sur les ordres du Vali, de faire rouvrir les magasins, et l'autre, M' Chadrikian qui fut assassiné dans les salles de l'Hôtel de Ville.

Aussitôt après commencèrent le massacre, le pillage, l'incendie.

1° — Avant le pillage, les signes indicateurs marqués sur les magasins musulmans nous montrent que c'était un coup préparé d'avance.

2° — Pendant ces terribles événements, tous les employés du Gouvernement, sans exception aucune, ainsi que toute la population musulmane, avaient leur bonnet entouré d'un turban blanc caractéristique. Si cet affublement nous a un peu surpris au début, néanmoins nous avons finalement compris que c'était un signe conventionnel arrêté d'avance.

3° — Le massacre, le pillage et les incendies du 14 au 16 avril ayant presque anéanti la population chrétienne et détruit une grande partie de leurs propriétés, le Gouvernement local, sur nos supplications, promettait de mettre un terme à cette situation intenable. Malgré les promesses du Vali, du général divisionnaire Mustapha Remzi Pacha, des Ulémas et des notabilités musulmanes, une deuxième catastrophe a débuté avec une telle intensité, que les malheureux Chrétiens désorientés ne savaient plus où et à qui s'adresser.

4° — Quelques jours après les premiers massacres, ceux d'entre les Musulmans qui habitaient parmi les Arméniens, c'est-à-dire le gendre de Gazez Zadé, Khatib Effendi, Bosnak Zadé, Rahim Effendi, Tékéli Zadé Osman Bey ont précipitamment évacué leurs maisons sises au quartier chrétien, pour aller se fixer parmi les Turcs. Ce fait n'indique-t-il pas suffisamment que la seconde catastrophe se tramait déjà parmi les Musulmans?

5° — Le soir du dimanche 25 avril, sur les assurances formelles du Gouvernement, nous étions réunis dans nos églises avec nos ouailles, quand de tous les côtés de la ville une fusillade vive et monotone se fit de nouveau entendre. C'était le commencement de la seconde boucherie. Les immenses incendies et les massacres qui commencèrent ce jour, durèrent jusqu'au lundi matin. La ville d'Adana devenait un amas de ruines. Lundi 26 avril, toute la ville chrétienne était en feu. Le Gouvernement, sous prétexte de mettre fin à cette hécatombe, a réuni tous les Chrétiens au jardin de la Municipalité. Pendant ce temps, là, le feu prenait une extension effroyable. C'est là qu'ont disparu nos églises, nos écoles, nos maisons et nos magasins.

6° — Les soldats, d'accord avec la population, avaient élevé un arc de triomphe aux premiers jours de la proclamation de la Constitution, comme pour commémorer la régénération de la Turquie. Le 26 avril au soir, il fut détruit, à coups de hache et renversé devant une foule immense, aux cris de « Vive le Sultan Abdul-Hamid! à bas la Liberté! »

7º — Durant ces tristes événements, quelques vils menteurs, ennemis du bien public, non contents d'exciter par de basses calomnies les Musulmans contre les Chrétiens, ont accéléré la ruine du pays. A ce propos, nous avons attiré l'attention du Vali sur la conduite criminelle du journal l'*Itidal*. Djévad Bey nous a dit qu'il fermerait l'imprimerie et empêcherait la publication de ce journal. Le Vali n'a rien fait, tandis que la feuille turque a continué à aggraver le mal par ses écrits incendiaires.

8º — Après tant d'horreurs, il fallait encore aux Chrétiens presque anéantis, aller, sur de mensongères dénonciations, subir le cachot et la torture. A eux seuls, il est défendu d'aller et venir dans les limites mêmes du vilayet. Nous attirons là-dessus votre bienveillante attention.

9º — Les Chrétiens, ayant tout perdu, sont dépourvus de tous moyens d'existence. Ils sont sans pain, sans abri, sans vêtements, livrés à la plus noire misère.

10º — Quand nous nous rendions au Gouvernorat, soit sur une invitation spéciale, soit de proprio motu, il nous arriva souvent de constater que les notabilités musulmanes, de concert avec les ulémas, y tenaient toujours conseil. Ceci prouve leur connivence et leur participation au complot.

11º — Quand nous étions habitués, au milieu de nos souffrances, à considérer notre armée comme le seul soutien de notre Constitution, par conséquent notre refuge unique, il nous a été bien pénible et amer, hélas ! de la voir faire cause commune avec la réaction pour pratiquer, sur une plus large échelle, le pillage, l'incendie et le massacre.

12º — Ces tristes événements qui ont éclaté à Adana et les environs à la même heure et avec les mêmes procédés, leur coïncidence avec ceux de Constantinople, nous font toujours penser qu'il y a une relation intime entre ces faits survenus en différents endroits.

13º — Pendant le premier massacre, il n'a pas suffi d'exterminer littéralement la population rurale, d'incendier les villages, les machines agricoles, les batteuses, les fermes coûtant des milliers de livres ; il a été procédé encore au massacre impitoyable de cette population flottante qui venait chaque année, en cette saison, prêter son concours à la main-d'œuvre indigène.

14º — Qu'il nous soit permis de dire, avec une profonde conviction, que ces grands désastres proviennent du Régime Hamidien qui, sous le voile de la Constitution, a voulu exterminer en cette région les Chrétiens et le Christianisme. Il ne tient qu'à votre justice de réparer, par une légitime compensation, le tort qu'on a fait, de cette façon, à la malheureuse population chrétienne.

15º — En somme, il n'y a aucune raison plausible qui puisse justifier ces irréparables dommages causés à la ville d'Adana et à ses dépendances. Aussi il ne tient qu'à vous d'effacer, par des moyens appropriés, l'outrage fait à l'Humanité, à l'Islamisme et au nom d'Osmanli! Nous sommes, en cas de besoin, à la disposition de la Cour pour les renseignements jugés nécessaires sur les faits rapportés dans le présent mémoire.

Veuillez agreer, etc.

(Signatures.)

Appendice D

Le Mufti d'Adana, *un des principaux organisateurs des massacres,* avait envoyé au Recteur de l'Université d'El-Azhar, en réponse à un *fetva* rendu par celui-ci, une lettre pleine d'un bout à l'autre de mensonges et de calomnies et empreinte du plus révoltant cynisme. Dans cette lettre, le faux serviteur d'Allah s'ingénie à prouver : 1° que les Arméniens préparaient un soulèvement en vue de la réalisation de leurs projets séparatistes ; 2° que ce sont les Arméniens qui commencèrent les hostilités en attaquant *la paisible population turque ;* 3° qu'il n'y a pas eu massacre général des Arméniens par les Turcs, que le nombre des morts ne dépasse pas trois mille, et qu'il y a eu plus de Musulmans tués que de Chrétiens!.

Un des distingués membres du barreau du Caire, M⁶ Vahan Malézian, répondit au calomniateur par l'article suivant, paru dans le numéro du 15 juin 1909 du journal *Le Progrès* du Caire.

Les Massacres d'Adana.

Le *Journal du Caire,* dans son numéro de samedi dernier, donne le résumé d'une lettre adressée par le fameux Mufti d'Adana au Recteur d'El-Azhar, en réponse au *fetva* que le Grand-Cheikh a publié relativement aux vêpres ciliciennes.

Cette lettre est un chef-d'œuvre de mensonge. Il suffirait de dire qu'elle est écrite par l'un des principaux instigateurs des massacres d'Adana, dans lesquels sa responsabilité se trouve aussi gravement engagée que celle de l'ex-Vali, du Férik, d'Abd-el-Kader et consorts.

Le Mufti d'Adana, accusé d'avoir ignoblement trempé dans cette lugubre affaire, a les mains trop souillées encore du sang des victimes, pour pouvoir, la conscience tranquille, prendre la parole et émettre une opinion sincère.

S'il n'a pas subi son châtiment mérité avec ses monstrueux collè_ gues c'est parce qu'à Adana l'échafaud n'a été dressé que pour les victimes seulement : ceux d'abord qu'on avait poussés à la « guerre sainte », qui, fidèles au mot d'ordre, ont, la plupart inconsciemment, exécuté l'horrible programme de la tuerie humaine, et, ensuite, ceux qui ont réussi à échapper au martyre, soit en prenant la fuite, soit en se défendant (quel sacrilège !), la défense légitime n'étant pas permise dans ce pays aux Chrétiens.

Les Turcs appellent cela : la justice ! Ceux qui ont la pratique séculaire des profanations, n'hésitent pas à violer les choses les plus sacrées de la société humaine, fut-elle la justice !

Or, le Mufti d'Adana a parlé, à son tour. La parole, ces derniers jours, est aux bourreaux, qui, plus que jamais, restent maîtres de la situation, ou à leurs protecteurs, qui les défendent devant l'opinion publique par des déclarations pompeuses ou des démentis systématiques. Quel paradoxe ! la Réaction et la Constitution se donnant la main par dessus les cadavres de 30,000 hommes.

Dans les localités sinistrées, d'où nous viennent de déchirantes descriptions d'horreur et de misère, les assassins et les brigands, certains de leur impunité, forts de leur triomphe, continuent à persécuter les Arméniens qui ont eu la chance de survivre aux terribles hécatombes !

Il n'est au monde que des Turcs ou des Kurdes qui pourraient avoir d'autres sentiments que ceux d'un noble repentir ou d'une immense compassion pour ces misérables fantômes en deuil, victimes des plus atroces sauvageries que l'histoire des hordes barbares des siècles passés ait jamais enregistrées.

Mais que dit-il, ce Mufti ? (ah ! cette bande hamidienne de muftis et de hodjas).

« Un Comité révolutionnaire arménien (Khochwak ?) aurait élaboré
« une Constitution et une loi organique d'un Etat arménien, et il aurait
« déjà choisi un roi pour l'Arménie ; il ne restait plus au peuple armé-
« nien qu'à proclamer son indépendance. »

Quelle révélation ! Alors la thèse du Gouvernement Central ne tient plus debout. Ces massacres ne sont donc pas l'œuvre du Sultan Rouge, ne font donc pas partie de son programme réactionnaire ! Et alors ce sont les Arméniens qui ont massacré les Musulmans. Pauvres victimes ! Ou bien, c'est le Gouvernement Constitutionnel qui a fait massacrer des milliers d'Arméniens innocents pour châtier une poignée de révolutionnaires.... imaginaires.

« La Commission d'enquête parlementaire aurait saisi des docu-
« ments prouvant de façon irréfutable la culpabilité du Comité révolu-
« tionnaire. L'un de ces documents contiendrait des instructions données
« par le Comité sur la façon dont devraient commencer les massacres. »

Si l'on pouvait publier un seul de ces si intéressants documents, qui n'existent pourtant que dans l'imagination fertile des Turcs élevés à l'école hamidienne! Un seul!

« Les Arméniens auraient eux-mêmes incendié leurs maisons pour « toucher l'assurance. »

On oublie seulement que les Compagnies d'Assurances ne payent pas dans de pareils cas, comme cela est prévu dans les polices qu'elles émettent.

« Le nombre des tués serait de 3.422, dont 1.942 Musulmans. Quel-« ques (une dizaine, peut-être) Arméniens auraient été en outre tués « (et pour cause) dans les villages kurdes. »

Il n'est donc pas vrai que 30.000 Arméniens viennent d'être massacrés avec une atrocité qui aurait troublé les plus éminents criminalistes.... et zoologistes! Il n'est donc pas vrai que plus de 30.000 Arméniens sont réduits à une extrême misère, affamés, sans abri, plusieurs d'entre eux atteints de maladies, tous accablés de terreur, tous hantés par la mort! Ils ne sont donc pas vrais, tous ces cris d'angoisse, tous ces cris de secours!

Pourquoi alors ces navrantes descriptions faites par des témoins? Pourquoi alors ces nombreuses souscriptions en faveur des Arméniens? Pourquoi personne, pas même un Turc, ne fait pas la description des atrocités commises par les Arméniens sur les Musulmans? Pourquoi ne nous parle-t-on pas d'une seule maison de Turc incendiée ou saccagée par les Arméniens? Pourquoi n'envoie-t-on pas de secours aux Musulmans, victimes des révolutionnaires arméniens?....

C'est affreux! C'est abominable! Il n'y a certainement que le fanatisme doublé du criminalisme inné qui puisse pousser le mensonge et la vilenie au point d'être si ridicules et si révoltants à la fois.

Jamais, au grand jamais, une pareille organisation révolutionnaire n'existait en Turquie. Les deux Comités révolutionnaire arméniens, connus sous les noms de « Trochag » et « Hentchag », se sont vus transformer, dès le lendemain de l'établissement de la Constitution, en associations légales politiques. Les Hentchakistes et les Trochakistes, même aux jours, où à la même heure et au même signal la populace turque et les nomades kurdes se mettaient ensemble à exterminer les Arméniens de Cilicie, se sont coalisés avec les autres Comités constitutionnels et ont, corps à corps, combattu le dernier mouvement réactionnaire dans la capitale ottomane, aussi bien que dans les provinces menacées. Aucun Turc honnête ne peut sérieusement contester le loyalisme et le libéralisme dont tous les Arméniens, dès le début du nouveau régime, ont fait acte.

Dans l'empressement stupide à créer des arguments et des documents pouvant tant soit peu, si non justifier, au moins expliquer les terribles tueries et autres atrocités non moins cruelles, dans l'affolement inhumain de rejeter toute la responsabilité des tristes événements sur les malheureux Arméniens, ils se solidarisent tous, ils se donnent cyniquement la main : bourreaux hamidiens et jeunes-turcs constitutionnels ! Et ils croient le faire si bien, qu'ils ont parfois l'air de croire eux aussi à tout ce qu'ils disent et à tout ce qu'ils font pour dénaturer la vérité et déplacer l'attention du monde civilisé.

Dans cette protestation, que je ne saurais faire assez énergique, s'élève la voix étouffée d'un peuple martyrisé qu' on laisse massacrer méthodiquement ; auquel on reproche également de se laisser égorger comme des agneaux et de se défendre comme des lions ; auquel on cherche lâchement à attribuer le double rôle de bourreaux et de victimes, auquel, enfin, on refuse la seule consolation des persécutés : la justice.

V. MALÉZIAN.

L'Emir Arslan ayant soutenu la même thèse dans une lettre rendue publique par la presse égyptienne, nous lui répondîmes comme suit dans le numéro du 5 juillet du journal *Les Nouvelles,* paraissant à Alexandrie.

Alexandrie, le 5 juillet.

Dans leur numéro du 1er juillet courant, *Les Nouvelles* ont publié la traduction d'une lettre de l'Emir Arslan, adressée à Son Eminence le Grand Chancelier de l'Université d'El-Azhar, en réponse au *fetva,* que ce vaillant Imam avait rendu pour réprouver les massacres des Chrétiens dans la province d'Adana. Cette lettre a absolument la même valeur que celle adressée, il y a quelque temps, au sus-nommé dignitaire par le Mufti d'Adana, avec cette différence qu'ici, les accusations portées contre les Arméniens sont encore plus calomnieuses.

« D'après l'Emir Arslan, il paraît que les Arméniens d'Anatolie ont
« une société révolutionnaire nommée *Khachnak.* Cette société travaille
« secrètement à l'indépendance des Arméniens ; elle est composée de
« plusieurs anarchistes ; des pièces de monnaie même furent frappées
« à l'effigie du futur roi d'Arménie. Que dans les villages les Arméniens
« assaillirent d'abord les Musulmans, violèrent leurs femmes et leurs
« filles et firent endurer à leurs enfants des tortures... Que le Gouver-
« nement a pu mettre la main sur des documents qui prouvent que
« tous ces troubles ont été préparés par la Société *Khachnak* et que
« le fanatisme religieux n'y était pour rien. »

*
* *

Ou l'Emir Arslan fait de la politique, comme ceux qui le connaissent me l'ont affirmé, ou bien il a une croyance aveugle en les paroles du Mufti d'Adana, sans se rendre compte que le témoignage de celui-ci devrait être écarté *de plano,* lui-même étant l'un des principaux orga-nisateurs des vêpres ciliciennes.

Je fais d'abord remarquer qu'il n'existe nulle part un Comité arménien sous le nom de *Khachnak* et à plus forte raison des anar-chistes faisant partie du dit Comité ; drôles d'anarchistes, en effet, qui partout ailleurs *frappent les rois* et qui s'amuseraient en Anatolie *à frapper des pièces* de monnaie à *l'effigie d'un roi.* Mais Arslan fait allusion au député arménien de Kozan et à son Comité.

Or, le Comité dont le dit député est membre, s'intitule *Hentchakiste.* Ce serait le comble de l'injustice que d'accuser celui-ci de projets séparatistes, puisque ses adhérents se sont enrôlés comme volontaires dans l'armée du généralissime Chevket Pacha et ont combattu côte à côte avec les troupes de Salonique pour le salut de la Constitution et pour venger les infortunées victimes de la réaction.

La légende de l'attaque des villages turcs par les Arméniens fut pour la première fois colportée par le Gouverneur de Djébel Bereket, Assaf Essad, pour masquer les crimes dont il s'était rendu coupable dans son district. Et pourtant, pressé de questions par le Gouverne-ment Central, il fut obligé de reconnaître dans une dépêche qu'il adressa à Constantinople que la nouvelle était fausse et provenait d'un fâcheux malentendu. Cette dépêche a été lue à la 67me séance du Parlement Ottoman et procès-verbal en a été dressé, ce qui revient à dire que le Gouvernement Ottoman a lui-même donné un démenti formel à la légende dont il s'agit. L'Emir Arslan aurait dû suivre un peu plus attentivement les comptes-rendus des séances de la Cham-bre. Il aurait pu éviter de la sorte d'être « victime » lui-même de ce « fâcheux malentendu ». D'ailleurs, le seul endroit où les Turcs avaient à redouter les Arméniens, c'était la ville de Dort-Yol qui soutint le siège des hordes barbares pendant plus de 20 jours. Les habitants Turcs de Dort-Yol forment l'infime minorité de la population. Or, aussitôt que la ville fut attaquée, le premier soin des Arméniens fut d'accueillir dans leurs propres foyers les familles turques pour les mettre à l'abri des balles des assiégeants, et ce à une époque où partout en Cilicie, les Turcs massacraient impitoyablement les Armé-niens et déshonoraient leurs femmes.

Les habitants de Dort-Yol, par leur conduite chevaleresque envers les Turcs qui se trouvaient à leur merci, ont démontré au monde entier qu'ils appartiennent à une race éminemment civilisée, exempte de tout fanatisme religieux et déshabituée de représailles compré-hensibles sinon excusables.

Quant aux fameux documents que l'on aurait saisis, on se rappelle que Hakki Bey, attaché militaire à l'Ambassade de Turquie à Vienne, avait fait une déclaration identique et je l'avais prié, dans une lettre ouverte, de produire ces documents, mais jusqu'à présent cette pro-duction n'a pas été faite et le Gouvernement Ottoman se garde bien d'en parler pour la raison bien simple que ni ces documents ni les fameuses pièces de monnaie n'ont jamais existé.

Dans le *Matin* du 20 juin dernier, M* Edouard Scarfoglio soutenait faussement que « les Arméniens ont toujours envisagé comme une « éventualité possible la reconstitution d'un état autonome sous la « suzeraineté de la Porte, etc., etc. ». Ce à quoi le Ghazi Moukhtar répond indirectement le lendemain, dans le même journal, comme suit :

« Cette fois ci encore les derniers troubles d'Adana ont éclaté quel-« ques jours après le passage d'agitateurs kurdes. D'où venaient-ils? « qui les avait envoyés? »

Moukhtar Pacha, dont personne ne mettra en doute l'impartialité ni la qualité officielle, écartait de cette façon la responsabilité des Arméniens dans les derniers troubles.

De son côté, le journal turc *Tanine*, organe du Comité « Union et Progrès », qui n'est pas un ami très-dévoué des éléments chrétiens de l'Empire, répond dans son numéro du 25 juin écoulé au correspon-dant du *Matin :* « Nous ne pouvons pas croire aux tendances séparatis*tes attribuées à nos compatriotes arméniens; ce n'est qu'une calomnie».

Finissons notre article par les déclarations faites aux délégués du Patriarcat Arménien, le 15 mai dernier, par le plus haut dignitaire de l'Empire Ottoman, le grand Vizir Hilmi Pacha: « Ceux qui attribuent « aux Arméniens des idées séparatistes *sont des ignorants ;* jamais « les Turcs instruits et éclairés n'ont ajouté foi à ces racontars ».

Ainsi donc, dans la meilleure des hypothèses, l'Emir Arslan et ceux qui pensent comme lui, passeront pour des ignorants et mieux vaut ne pas prendre au sérieux leurs accusations ou leurs calomnies, puis-qu'elles ne sont pas appuyées par l'ombre même d'une preuve.

† MOUCHEGH

Evêque des Arméniens d'Adana.

Appendice E

L'impression de notre ouvrage touchait à sa fin lorsque nous reçûmes d'une personne bien renseignée et digne de foi des informations présentant un très grand intérêt.

Nous les résumons ci-dessous :

Note pour la page 30.

Dans la nuit du 13 au 14 avril, un Conseil fut tenu dans le local du Gouvernement, auquel assistaient le gouverneur général Djevad-Bey, le général divisionnaire Moustafa Remzi Pacha, le Hakim (président des Tribunaux de première instance et du Cheri), le Mufti (juge religieux) et des centaines de notables turcs. Un Hodja (le provocateur Khatib Effendi) y prononça un violent discours, prêchant le massacre des Arméniens et disant que l'heure de mettre à exécution le *grand projet* était venue.

Le Hakim protesta contre les paroles du Hodja et les désapprouva. Le Mufti prononça alors le *fetva :* « C'est une bonne action que de massacrer les Chrétiens et il est parfaitement légitime de s'approprier leurs biens et de ravir leur honneur ».

L'assemblée décida finalement de commencer le massacre le lendemain à 5 h. à la turque (11 1/2 h. du matin environ). Cette décision fut communiquée à tout le peuple musulman de la ville.

C'est le Hakim lui-même qui raconta ce fait, *le 14 avril, au Consul général de Perse,* et ce, en présence de quelques personnes.

Note pour la page 55, § 10.

Mr Dimitri Chater, drogman du Consulat de France à Mersine, se trouvait à Missis la veille des événements. Le Gouverneur général lui envoya des gendarmes pour l'escorter jusqu'à Adana. Mr Chater demeura pendant quelques jours à la caserne, où il eut l'occasion de constater que Echref Bey, Batoumlou Osman, Bosnali Salih, Abdul-Kadir et son fils Abdurahman, Ihsan Fikri, Tabak Zadé Hadji Aly, Gulekli Tewfik et Guerguerli Ali venaient continuellement faire de faux rapports et s'efforçaient de faire durer les troubles.

Dans un tête-à-tête, le Gouverneur général dit à Mr Chater : « Comment pouvais-je empêcher le massacre puisque c'est le Comité « Union et Progrès » lui-même qui l'a organisé ? »

Le 12/25 mai, Mr Chater écrivit à Ferid Pacha, ministre de l'intérieur, pour accuser quelques fonctionnaires comme responsables des événements, ajoutant qu'il était prêt à le démontrer devant n'importe quel Tribunal.

Donc, de l'aveu même de l'ex-Gouverneur général d'Adana, qui mieux que personne, connaît *le dessous des cartes,* c'est le Comité « Union et Progrès » d'Adana qui a organisé l'horrible tuerie.

Note pour la page 56, § 4.

Le 16 avril, les notables turcs et arméniens se réunissent au Konak pour délibérer sur les moyens de réconcilier les deux peuples et de rétablir définitivement la paix. Se faisant l'interprète des notables turcs, le Vali demande aux Arméniens : 1° de déclarer qu'ils sont seuls responsables des événements survenus ; 2° de consigner leurs armes aux autorités ; 3° de s'engager par écrit à s'abstenir de tout acte de nature à provoquer de nouveaux troubles, sous peine d'être responsables de ce qui adviendrait. Parlant au nom des notables arméniens, Mr L. Khoubésserian, drogman du Consulat de France, repousse avec indignation la première des demandes du Vali, et acquiesce aux deux dernières, mais à la condition que la populace turque serait complètement désarmée et que les notables musulmans signeraient un engagement analogue à celui que le Vali exigeait des notables arméniens. Les Turcs refusent catégoriquement de satisfaire à cette légitime demande des Arméniens, *trahissant ainsi leur dessein bien arrêté de recommencer la tuerie,* de reprendre et de parachever l'œuvre d'extermination et de dévastation.

TABLE DES MATIÈRES

PRÉFACE

PREMIÈRE PARTIE

DEUXIÈME PARTIE

APPENDICES

ERRATA

Page 6, ligne 1, *au lieu de* de d'extermination, *lire* d'extermination.

»	8,	»	20,	»	protestêmes,	» protestâmes.
»	15,	»	13,	»	par le mettre,	» pour le mettre.
»	25,	»	10,	»	l'*Ihihad,*	» l'*Ittihad.*
»	31,	»	26,	»	Keur,	» Kara.
»	32,	»	10 (note)	»	Kozobouk,	» Kozolouk.
»	63,	»	23,	»	situaation.	» situation.
»	72,	»	35,	»	Kaïpatli,	» Kaïpakli.
»	75,	»	18,	»	Délikanli,	» Délikianli.
»	80,	»	17,	»	l'ex-	» l'ex-Vali.